LE
TORRENT DES PASSIONS.

DE L'IMPRIMERIE DE HOCQUET.

M.me x x x accourt en s'écriant: ô Ciel! il a tué son
fils, et il outrageait ma fille!......

Chasselat del.   Couché fils Sculp.

LE
TORRENT DES PASSIONS,

OU

LES DANGERS DE LA GALANTERIE,

AVENTURES

du Général-Major comte de G***., dans les diverses contrées
de l'Europe.

MÉMOIRES RÉCENS D'UN GÉNÉRAL ALLEMAND.

TOME PREMIER.

PARIS,

CHEZ J. N. BARBA, LIBRAIRE,
Editeur des *Œuvres de Pigault-Lebrun*,
Palais-Royal, derrière le Théâtre Français, n°. 51.

1818.

Fourberies de Scapin (les), de Molière.
Jeux d'Amour et du Hasard (les), de Marivaux.
Tartuffe des mœurs (le), en 5 actes, de Chéron.

SUPPLÉMENT.

Abufard, de Ducis.
Othello, *idem.*
Honnête Criminel (l').
Phèdre, de Racine.
Warwick, de Laharpe.
Métromanie (la), de Piron.
Plaideurs (les), de Racine.
Fausses Infidélités (les), de Berthe.

———

L'OFFICIEUX, ou les Présens de Noce, par Pigault-Lebrun. Figures, dessins de Chasselat, et gravé par Couché.   5 fr.

LE TORRENT DES PASSIONS, ou les Dangers de la Galanterie. 2 vol. in-12, fig. par les mêmes, de l'auteur de la Princesse de Nevers.   5 fr.

JOHNN BULL, ou l'Ile des Chimères, par M. Léger. 5 vol. in-12, figures dessinées et gravées par les mêmes.   7 fr. 5o c.

LE GARÇON SANS SOUCI, par Pigault-Lebrun. 2 vol. in-12, fig. deuxième édition.   5 fr.

HISTOIRE PHILOSOPHIQUE de la Révolution de France, depuis l'assemblée des Notables en 1787, jusqu'à l'abdication de Napoléon en 1814; par Fantin Désodoards ; 6 vol. in-8°, ornés du portrait de l'auteur. Prix 36 fr., et 44 fr. francs,

Cette sixième édition est un ouvrage neuf : il est entièrement refait. L'auteur y professe une grande impartialité ; il a extirpé, si j'ose m'exprimer ainsi, une poignée d'intrigans révolutionnaires de la masse de la nation française, il la justifie aux yeux de l'Europe et de la postérité ; en un mot, il rend justice aux braves gens et aux gens braves. Cet ouvrage doit plaire aux hommes impartiaux de tous les pays.

LES DANGERS

DE

LA GALANTERIE.

L'AMOUR est le charme le plus doux de la vie, comme il en est le tourment le plus aigu. C'est dans cette passion surtout, que l'âme trouve ces compensations étonnantes du bien et du mal, qui règnent dans l'équilibre du monde. Les grands succès font les grands ennemis, les grands chagrins et les grands revers, comme ils ont causé les grands plaisirs. Telle est la loi de la nature.

Né dans un siècle orageux, où les mœurs, les passions, les intérêts ont eu tant de périodes en peu d'années, j'ai beaucoup vu, senti, et observé dans toute l'Europe. Mon exemple

pourra donc être utile à ceux qui seraient tentés de préférer un amour il-
légitime et fréquent à un attachement pur et estimable. Gardons-nous
de croire que triompher des femmes
soit le souverain bonheur. N'oublions
jamais qu'alors tant d'intérêts froissés
dans la société, des époux furieux, et
des rivaux humiliés, préparent, tôt ou
tard, une vengeance aussi cruelle
qu'elle est lente et inapperçue : c'est-
à-dire, une calomnie sourde, désas-
treuse ; vengeance d'autant plus terrible, que les regrets, les chagrins,
la bonté du cœur même, n'obtien-
nent aucune indulgence, quand cette
foudre morale a éclaté.

A dieu ne plaise que je place l'am-
bition avant l'amour, surtout avant
l'amour délicat et légitime. Non, un
choix pur, un bonheur innocent sur-
passent toutes les chimères de l'orgueil : et c'est une question de savoir

si l'ambitieux n'est pas plus malheureux encore que l'homme à bonnes fortunes. Au moins celui-ci ne vit-il pas toujours de chimères, et ses désastres laissent encore de doux souvenirs. Au surplus, cette question pourra se juger en partie dans ces mémoires, où tant d'ambitieux se trouveront liés par le fil des événemens au sort de celui qui les écrit.

Je suis né dans le pays de Nassau, d'une famille noble et fort ancienne, qui avait toujours fourni à la France, des officiers distingués dans ses régimens étrangers, de la *Mark*, *Deux Ponts*, *Bouillon*, *Hesse-Darmstadt*, *ect.* C'est dans ce dernier corps que je fus destiné à servir. Je partis à seize ans pour ma garnison à S*** en 17... J'y portais, dit-on, une jolie figure, de l'esprit, et une imagination ardente. J'y joignis trois lettres de recommandation et quarante louis que mon oncle, le baron de Bethmann, véritable Orgon, avait, en gémissant, tirés de sa cassette. Je vois encore l'instant de mon départ à Siégen, dans le pays de Nassau : ce moment fut mon horoscope. Je montais en chaise avec le chevalier de Pup..., capitaine au régiment où je servais. Ma respectable mère, éplorée, me donna son dernier baiser dans la cour de l'hôtel, en me recommandant à mon mentor, avec cette sensibilité et cette chaleur que l'amour imite par fois, sans jamais égaler la nature. « Ah ! monsieur, dit-elle bas au chevalier, » prenez » garde ; il a le cœur excellent ! *je ne* » *crains pour lui que les femmes* ».... Quel tact que celui d'une mère ! c'était mon histoire en un seul mot. Je pressai sur mon sein cette tendre amie toute en larmes : et bientôt, étourdi par l'appareil de l'état que j'embrassais, par l'appat d'un voyage, d'une vie nouvelle, je m'élançai dans la chaise et nous partîmes.

Rien de remarquable en route. J'arrivai à S*** le troisième jour et fus présenté le lendemain à M. de St. S*** lieutenant de Roi et à mes camarades. J'eus bientôt fait connaissance avec nos jeunes gens. Je dînai à leur hôtel et j'y fus le jour même ce qu'on appelle *tâté*, c'est-à-dire, grisé, injurié, mené sur le pré, blessé, rapporté, pansé et me trouvai sur pied le quatrième jour, attendu qu'on annonçait un concert chez Mad. de B*** qui recevait la meilleure compagnie de la ville.

J'y fus présenté par le major avec un autre sous-lieutenant arrivé du Vurtemberg. Quand certain petit murmure flatteur ne m'aurait pas rassuré en entrant, la comparaison de mon voisin le Vurtembergeois, m'aurait fait paraître un Adonis. Imaginez un homme de quatre pieds de haut, dont un tiers pour sa figure rouge, grélée et picotée comme un abricot en plein vent ; deux petites jambes, un pied de singe et des dents superbes qu'on voyait jusqu'à la racine, quand le sourire de la bouche en cœur du camarade, tapissait de deux lèvres épaisses son menton et son bout de nez. Voilà son portrait. Ajoutez des manières à l'avenant, un salut le nez en l'air, le derrière tendu, des ruades, des pieds écrasés, des coups de coudes, des robes déchirées ; tout cela n'est qu'un faible échantillon des grâces du camarade Grossner ; mais je ne puis oublier la scène comique qui accompagna sa présentation. Le pauvre diable, élevé dans le fond de sa gentilhomière, ignorait ce que c'est qu'un piano organisé. Après les premiers complimens, voyant les hommes debout en cercle,

Grossner s'aligne comme à l'exercice
et, en se plaçant, s'assied par m'é-
garde sur les touches du clavier. Aussitôt un son flûté et bruyant qui sort
du tuyau d'orgue, lui fait croire qu'il
a commis une incongruité. Il veut
se sauver, fait une cabriole, et portant sa botte en avant, il perce à
jour la robe de Mad. *** qui, en
fuyant, entraîne le chat botté. Celui-ci veut se retenir à la table à thé,
et voilà, en un instant, bouilloire,
porcelaine, et le magot à terre. Le
tableau était trop comique pour qu'on
pût se fâcher. Grossner, tout en eau,
s'enfuit au milieu des huées. Le major,
moitié pâmé de rire, se confond en
excuses, et je reste bientôt comme
la seule espérance du corps, pour rétablir la gloire des cadets du régiment.

J'y fis de mon mieux, quoique timide encore ; petits vers, propos ga-

lans, tout fut employé. Je réussis par quelques légères prévenances près des douarières, et je ne pus refuser l'impitoyable *reversi*, ressource intéressante des oisifs de province.

Je me resignais à mon sort, quand je vis arriver à ma gauche, pour la même partie, une femme de 22 ans environ, d'une tournure svelte quoique languissante : elle s'avançait lentement vers la table, la tête baissée, recouverte d'un chapeau gros bleu très-enfoncé. Elle s'assied tristement, et bientôt, quand elle leva les yeux pour prendre les cartes, je vis...... Quelle figure ! Le Corrège, l'Albane n'ont rien créé de plus pur ; c'était une rose pâlie par le soufle de Borée. Quelle femme ! une bouche ravissante, deux lèvres minces et d'un incarnat tendre, des dents de perle, un nez d'une finesse exquise, tout se réunissait pour donner à l'ensemble de ses

traits, ce caractère de candeur, de
grâces, de perfection, qu'aucune des-
cription ne peut rendre. Frappé, je
restais immobile à admirer, quand
mon mentor me fit observer qu'on
donnait au reversi, et qu'il convenait
enfin de m'asseoir.

Cette observation accrut mon trouble, me rendit plus maladroit en donnant, en jouant, en payant à tort et
à travers, et je vis l'instant où j'allais
devenir un Grossner par amour. Un
demi-sourire qui échappa de tems en
tems à ma voisine, dût me convaincre
que mon embarras ne lui échappait
point. En effet, hors de moi, ne
voyant qu'elle, doué d'un esprit romanesque à l'excès, mon imagina-
nation dessinait déjà sur ses cartes un
aveu, une réponse, des amours. Et
comment, au milieu de tant d'agitation, cacher ce que j'éprouvais !

La partie finie, on se sépara, et, dans

ma rêverie, parcourant tous les points
du sallon où Mad. Julie D**, ma belle
inconnue, avait passé, j'oubliais que
j'allais déranger le tête-à-tête pério-
dique de la maîtresse de la maison
avec le comte de F**, quand mon
mentor m'entraîna, en me disant :
» —Assez pour un jour, chevalier! »
Bientôt, tout en nous rendant à notre
pavillon, je lui demandai le sens de
ses paroles.— » *Tu dieu!* me dit le
brusque chevalier avec son accent
gascon, » comme vous y allez! mon
» pupïlle! A peine arrivé, voilà des
» yeux doux, des soupirs, des pro-
» jets. Ecoutez, petit avantageux !
» Mad. Julie D**, épouse d'un vieux
» et respectable magistrat de cette
» ville, est sage, quoique l'âge de son
» mari et la liberté dont elle jouit
» puissent excuser une faiblesse. D'ail-
» leurs, elle est très-éprise du cheva-
» lier de T**, capitaine de cavalerie

» de cette garnison. L'amour-propre et
» l'étourderie du chevalier ont détruit
» l'ouvrage de son esprit et de ses
» grâces : il a eu l'indignité de mon-
» trer les lettres de Mad. D.** Elle l'a
» su : sa porte lui est fermée, et elle a
» rompu tout commerce ; mais n'en
» espérez pas davantage : elle l'adore
» au fond du cœur. »

Elle l'adore ! Quel poignard pour un jeune amant qui s'enflamme pour la première fois ! Dans ma fureur, nouveau Don Quichotte des dames, j'étais prêt à venger Julie, à courrir chez le chevalier de T**.
» —Eh mon ami, *cadedis*, il vous en-
» filera comme une allouette ! C'est
» la première lame de l'armée, me dit
le mentor.—» N'importe, répondais-je dans mon indignation chevale-resque, » l'amour et l'équité guide-
» ront mon bras. — Mais ne l'allonge-
» ront pas jusqu'à Paris où est T** en

» ce moment, et vous ne pouvez
» quitter votre garnison. » Cette réflexion dût terminer tout projet, et
me borner au désir de plaire.

Retiré dans mon appartement, je
méditais sur les moyens de voir Mad.
D**. Je fus assez heureux pour qu'une
de mes lettres de recommandation
me donnât accès chez une dame du
B**, veuve aimable de quarante ans,
remplie d'esprit, de finesse, et qui
ne paraissait pas fâchée d'effacer T**
dans le souvenir de son amie. Quinze
jours se passèrent à ces préliminaires,
ces jolis riens, ces demi-aveux char-
mans qu'une belle feint de ne pas entendre, mais qu'une amie bienveil-
lante repète en secret, et qui se
sèment et germent peu-à-peu par ses
soins, dans un jeune cœur. Le premier aveu, le premier soupir du retour s'échappent plus aisément dans
le sein de l'amitié.

Je m'en apperçus bientôt aux progrès que je faisais dans les bonnes
grâces de Mad. D**. Il me sembla que
mon âge, que l'on m'objectait sans
cesse, n'était déjà plus un épouventail;
que ma conversation tendre et déli-
cate aimantait la confiance de la belle
dépitée. J'étais déjà de tous les petits
cercles, des promenades champêtres,
et bientôt mon bras consolateur devint l'appui journalier de la plus jolie
femme de S**. L'instant de l'aveu ne
tarda pas à éclore.

Nous sortîmes un soir avec son
amie, Mad. Du B., pour aller faire diverses emplettes, et entr'autres chez
un marbrier auquel Julie avait com-
mandé deux petites urnes en marbre
noir. Connaissant déjà l'imagination
romanesque de la belle affligée, je
m'efforçais de trouver les motifs de
cette emplette. J'y entrevis quelque
mystère, et prenant adroitement

le bras de la confidente, je la pressai de m'instruire. Elle ne demandait pas mieux. « Sachez, me dit-elle, que
» dans un tems de désespoir, Julie,
» nouvelle Artémise, a réduit en cen-
» dres les lettres trompeuses et adorées
» de T**. Elle avait gardé cette cendre
» chérie, qu'elle prenait tous les ma-
» tins dans son café pour s'identifier
» tendrement encore avec l'objet
» aimé ; lorsqu'effrayée un jour de voir
» mon amie avaler tant de noir de
» fumée, je l'ai tellement persifflée
» sur cette extravagance, qu'elle a
» cédé à mes railleries ; mais l'urne
» chérie doit réparer le sacrifice de la
» cendre de T**. L'urne de marbre
» noir est le tombeau destiné à ense-
» velir les tristes restes de son amour
» en manuscrit, et ce sera le sarco-
» phage du cœur banal de T**. et de
» sa passion volatile.

Moins épris, j'aurais ri de la bizarreric de Mad. D**. Un sentiment plus vif m'occupait et me fit arrêter à un projet dans l'instant. Nons arrivons chez le marbrier. Il nous montre son ouvrage qui était parfait ; Julie seule n'en fut pas contente. Je tressaillis de joie et pensai que le meuble intéressait déjà moins... L'urne fut trouvée trop grande , le marbre un peu triste : avis à l'auditeur. J'en profitai et prêchai si bien, qu'il fût résolu, d'après mon avis, que l'urne destinée à servir de pendant , ne serait point noire ; mais d'un beau verd d'espérance. L'idée sourit : un vase pareil à celui de mon projet fut acheté par la belle abandonnée , et nous revinmes, à la chute du jour , au pas grave des cérémonies funèbres ; chaque belle portant son urne , et le jeune sacrificateur au milieu d'elles , prêchant, sermonant, prescrivant l'oubli d'un côté, et l'espérance de l'autre.

Nous avancions ainsi dans l'obscurité, Mad. B. faisait sur l'urne favorite mainte épigrame , et indirectement, l'oraison funèbre de T**. ; d'autre part, Mad. D**. rêvant et portant machinalement l'urne verte vide , lorsque, pour rétablir l'équilibre , je m'avisai de glisser adroitement une lettre dans le vase d'espérance . . . Le bras de Julie trembla ; l'urne chancella dans sa main. On feignit de ne s'appercevoir de rien, et ce ne fut que le lendemain qu'on se récria contre mon imprudence. Je demandai alors la permission d'aller reprendre cette lettre offensante ; cette faveur me fut refusée. On avait un père, des sœurs ; on ne recevait point de jeunes gens ; en un mot , je vis que nous filerions une passion à l'espagnole ; j'en fus ravi : c'était un charme de plus à mon âge.

Les bals ou redoutes s'ouvrirent peu

·de tems après : nouveau moyen de rapprochement. Nous dansions souvent ,. Julie et moi , nous walsions surtout. Nous walsions ! quel sens a cette danse délicieuse pour deux jeunes amans ! et bientôt toutes les passes des contredanses ne furent plus que des gestes adroits par lesquels j'essayai de peindre tout ce que j'éprouvais.

Malgré la résistance et la décence de Julie, les progrès étaient rapides. T**. était à Paris ; point de sujet de réflexion pour ma belle, point de retour sur elle-même ; et j'obtins enfin , après plusieurs mois d'espérance , la permission d'aller lui porter chaque soir une lettre à travers, la persienne du rez-de-chaussée qu'elle occupait. On juge si je manquai au rendez-vous indiqué ; mais je ne me doutais pas que le 20 novembre serait le premier jour compté dans mes annales d'a-

mour. Il était onze heures du soir ;
le tems était très-froid ; la rue très-peu
passagère. Je louvoyais le long des
murs, entrevoyant une faible clarté
à travers la croisée indiquée au rez-
de-chaussée : les autres étaient obscures. J'avançai droit à Julie, mon
billet serré dans ma main tremblante
et j'allais le passer à travers la persienne, quand voyant cette persienne
s'entr'ouvrir à demi, une réflexion, ou
plutôt une impulsion plus vive que la
pensée me fit sauter dans l'appartement, où l'auteur entra avec son billet.

Qu'on juge de l'effroi de la jeune
femme qui ne s'attendait pas à un
pareil poulet ! Tremblante, éperdue,
dans le plus grand désordre, prête à
se mettre au lit, les cheveux épars,
la robe entr'ouverte, elle sent une
pluie de baisers et de larmes de joie
fondre sur elle. Je la vois encore, l'aimable créature, se voilant avec pré-

cipitation les épaules et le sein de ses longs cheveux noirs parfumés , et tombant, avec effroi, sur un fauteuil presque évanouie. Les mains sur ses yeux, d'une voix étouffée elle s'écrie : « Vous m'exposez ! ah ! vous n'aimez » pas... » A mon âge, un tel reproche brise le cœur : je me défendis long-tems avec cette chaleur, cette sensibilité si persuasive pour une femme qui brûle d'être convaincue. Nous étions seuls, l'heure était dangereuse... Je fus horriblement grondé d'abord , et pardonné entièrement après, pour avoir commis un crime de plus; mais mon innocence était si évidente que ce pardon était mérité. Je fus tendre, soumis , délicat , et je sortis le plus heureux des amans , car j'obtins la permission de réitérer mes visites clandestines.

J'avais un ami dans le régiment de Béarn ; il était logé très-près de ma belle. Cet ami était en congé et m'avait laissé les clefs de son appartement. Je jugeai plus convenable et plus prudent de m'y transporter tous les soirs, d'attendre là l'heure du berger, et, dès que la cloche de minuit sonnait, je m'acheminais en tapinois vers la persienne favorite. Plusieurs semaines délicieuses s'écoulèrent ainsi avec un charme toujours plus vif, lorsqu'un incident faillit nous perdre à jamais.

Le trésorier de la ville demeurait très-près de Julie. Une sentinelle placée à sa porte me gênait par fois ; mais nous étions en hiver : ainsi la sentinelle restant enfermée dans sa guérite, je n'étais pas aussi exposé à en être apperçu. Il arriva pourtant, un soir, au clair de la lune, qu'un jeune dragon de bonne mine, étant de faction, vit, en se promenant, la jeune femme s'avancer à sa jalousie au rez-de-chaussée , l'entr'ouvrir , regarder et y revenir sans cesse. Le drôle s'avisa de prendre cette attention pour lui, et se mit à passer et repasser pour s'en éclaircir.

Tapis au coin de la rue voisine, je pestais de la méprise du sot, et bientôt ne tenant plus à mon impatience , après une heure d'attente, je traverse, au moment où il tournait le dos, la rue déserte , et j'allais m'élancer dans l'appartement, quand mon drôle me crie coup sur coup : *qui vive ! qui vive !* cris auxquels je ne réponds point, espérant avoir le tems d'entrer ; mais d'autre part , Julie allarmée retient sa persienne ; aussitôt le coquin lâche son coup et appelle la garde en s'avançant sur moi. Plus léger que lui, et ne voyant qu'à perdre en cette affaire , je détale avec vitesse ; la garde me poursuit sans pouvoir m'atteindre, et j'arrive désespéré à mon appartement.

Quel danger pour mon amie ! quel éclat ! et comment l'affaire sera-t-elle présentée ? Telles étaient les idées qui m'assiégèrent toute la nuit. Je pris enfin mon parti, le seul qui me restât dans cet embarras : sauver Julie fut ma seule pensée. Jallai trouver M. de Ch**, magistrat respectable, quoique galant encore, et l'un des adorateurs de Julie. Sa loyauté connue me garantissait la franchise de ses procédés en cette circonstance : je ne me trompai pas. Je lui laissais entrevoir, en tremblant, le motif qui m'amenait, quand me prenant par la main avec bonté, il me dit: « Je sais tout. Soyez » plus prudent. J'arrangerai l'affaire ».

Le lendemain, il fut question dans la ville d'un voleur surpris dans la rue de.... et prêt à entrer chez M. R***, père de Julie. Les rapports, les procès-verbaux du bon président ne furent pas épargnés par lui pour accré-

diter ce bruit ; mais malgré nos précautions, des sourires malins à l'assemblée suivante nous firent craindre que
la société n'en fût pas dupe. « C'est
» quelque déserteur, dit le colonel F**,
en me lorgnant , et sachant que je
quittais la citadelle la nuit. » Bon !
« ce voleur n'est encore qu'un petit
» fripon , reprit la grosse comtesse
» Dougl** en me riant au nez. » Toutes
ces épigrames revinrent malheureuse-
ment à Julie , qui , très-sensible , et
tenant à sa réputation , partit brusquement pour la campagne.

M. R** , père de Julie , avait une
maison charmante près de sa verrerie
de Clarieux. L'amour semblait avoir
construit cette retraite pour les jours
de deuil et de mélancolie. Trois lieues
de bois pour arriver , des bruyères
immenses et solitaires , des ruisseaux
d'un gris foncé descendant des carriè-
res d'ardoise ; ces blocs d'ardoise eux-

mêmes formant de chaque côté de la rivière de hautes murailles en deuil; tout semblait fait pour attrister pendant la route. Mais lorsqu'en descendant au fond de la valée de l'Abbaye, on appercevait une pelouse verte et unie, des îles éparses sur la Meuse, des eaux circulant autour d'elles en cascades argentées ; plus loin , en perspective , la maison délicieuse de M. R** au milieu d'un Jardin chinois , dont la nature avait fait tous les frais; alors tout ce qui avait précédé semblait un voile pour les indiscrets , et un rideau de verdure destiné à cacher aux curieux cet asile enchanteur.

C'est là que Julie fut ensevelir le chagrin de l'avanture que je viens de décrire ; c'est là aussi que bien sure de trouver moins d'importuns, je la déterminai enfin à me voir en secret. Malgré l'assiduité qu'exigeait mon service , je trouvais le moyen de partir

presque tous les soirs de S.... aux
portes fermantes , et accompagné le
plus souvent de mon cher Séricour.
Cet ami charmant, de mon âge à-peu-
près , s'était épris d'une passion fort
vive pour Antonine , sœur de Julie ;
et l'espérance, aussi douce pour lui ,
que la certitude pour moi , nous faisait voler de concert au vallon de
l'Abbaye. Cher Séricour ! ami si
malheureux depuis ! dans quelque
coin de l'Europe que nos révolutions
t'aient jetté, si cet écrit tombe entre
tes mains , souris à ces tems heureux ;
rappelle-toi nos espérances , nos transports et notre émotion , en voyant
après trois lieues de désert, le vallon
chéri ; souviens-toi de la croix de Ste.-
Anne , où nos deux amies venaient
nous attendre. Rions encore de ces
deux locatis de réforme des hussards
d'Esterhasi, que nous louait le juif
Martin , et qui , tout vieux qu'ils

étaient, nous portaient là en une heure. Combien de chûtes ces épouvantables haridelles nous ont fait faire ! Que d'éclats de rire, de saillies, de folies nous semions sur les bruyères, en les traversant avec la vîtesse des Zéphirs ! et quand nos deux amies paraissaient de loin dans le bois, quel trouble ! quelle émotion, quel discret silence nous faisaient aussitôt aborder en rougissant nos aimables dryades, engager une conversation générale ; puis nous séparer peu-à-peu avec cette décence qui double la volupté !.. temps charmant ! âge de la constance ! temps de l'enchantement des bois et de la nature entière, pourquoi te couvres-tu sitôt de nuages.

L'automne tout entier s'écoula dans cette douce illusion. Les frimats mêmes ne purent nous séparer. Combien de fois transis, les cheveux et le

visage couverts de verglas , sommes-
nous descendus chez le graveur de la
verrerie ? et là , réchauffés , choyés ,
gâtés par nos deux sœurs qui arri-
vaient en secret par une porte de
derrière, comme les feux de l'amour
faisaient bientôt disparaître les fris-
sons et les effets des aquilons jaloux !
Toutes les saisons étaient un prin-
temps , lorsqu'une nouvelle inattendue vint rompre l'enchantement et
me faire pressentir mes malheurs.

Après six mois de félicité , je reçus
en arrivant à S***, la veille des Rois,
l'ordre de partir pour Metz.... Quelle
consternation jeta cet ordre inattendu dans notre petite société ! J'appris
presqu'en même temps le retour de
T*** à S.... J'aimais trop pour cesser
d'être confiant, pour croire d'abord
que ce retour me serait fatal ; mais
pour les cœurs tendres , les pressentimens sont infaillibles : je sentis un

coup violent. Je pâlis, et le destin sembla m'annoncer l'inconstance de Julie par le froid mortel qui glaça subitement tout mon être... J'observai mon amante : soit vérité, soit amour, soit dissimulation, cette nouvelle n'avait paru produire aucun effet sur elle. J'en repris quelque tranquillité ; Julie parut ne point vouloir passer l'hiver à S..., elle parla de s'ensevelir à Clarieux tout le temps de mon absence. Je fis de vaines instances pour l'en détourner, elle fut inflexible, et cette démarche ainsi que les assurances de sa sœur Antonine, jettèrent dans mon âme le poison d'une fausse tranquillité : je partis.

Nos adieux furent ceux d'un couple de vingt ans qui s'abandonne à toute sa sensibillité. Julie s'inonda, s'abreuva de mes larmes. Les siennes s'y mêlèrent par torrens. Mais malgré cette rosée d'un beau jour, un orage lointain grondait dans mon imagination alarmée , et je m'arrachai de ces bras qui ne devaient plus s'ouvrir pour moi.

Arrivé à Metz , je m'occupai de ma mission , autant que la préoccupation de mon esprit put me le permettre. Je ne comptais mes jours que par l'heure du courrier. Son arrivée était l'aurore : tout le reste une nuit profonde. Julie fut exacte ; chaque matinée m'apportait des assurances de son attachement et de sa fidélité à ses promesses. Un mois s'était écoulé dans cette rassurante correspondance, lorsque je reçus une lettre datée , non de la campagne , mais de la ville de S***. Quel coup de foudre ! En vain Julie alléguait l'infirmité de son père , la nécessité de consulter les médecins , l'obligation de le suivre , tous ces prétextes , quoique plausibles , ne purent calmer mon effroi. J'eus la ma.

ladresse de le témoigner, et j'avançai sans doute mon malheur. Sericour, l'aimable et cruel Séricour, d'un caractère gai et si différent du mien, ne manqua pas de me tenir au courant et de me préparer de loin à la catastrophe que je redoutais. Sa plume élégante et spirituelle déguisa en vain le poignard : le cruel perçait le papier. Pas un mot, pas une visite, un récit de bal qui ne me fit craindre que T***. ne fut pas entièrement oublié. En effet, il était revenu de Paris, colonel en second, plus indiscret encore s'il était possible, mais non moins aimable auprès des femmes. De nouveaux succès, de nouvelles indiscrétions, avaient augmenté son crédit, suivant l'usage. J'avais tout lieu de frémir, d'autant plus que les ménagemens de Sericour m'avaient fait perdre un mois de détails préliminaires des menées de mon rival pour ressaisir sa victime. J'appris enfin , à force de presser mon ami , que T*** avait dressé toutes ses batteries ; qu'instruit que Julie avait pu se consoler de sa perte , s'attacher à un jeune homme franc , sincère et digne d'être aimé , il avait juré , sur sa liste amoureuse , que Julie y reviendrait ; j'appris que cet adroit libertin avait endossé le costume de la pénitence, qu'il se promenait seul dans les lieux où mon amie passait ordinairement; qu'il traînait en apparence dans les sociétés , une langueur , une mélancolie risibles pour ceux qui le connaissaient comme Séricour ; que l'effronté courtisan , certain que Julie le remarquait encore, feignait de trembler à sa vue , de se détourner avec confusion , d'essuyer même des larmes qu'il ne versa jamais ; et qu'enfin il avait osé lui écrire une lettre assez adroite pour se justifier en partie sur le reproche d'avoir montré les siennes.

Que devins-je à ces affreuses nouvelles ? Ce manège durait depuis un
mois. Il ne s'en était écoulé que deux
depuis mon départ; que de tems perdu pour les précautions, et n'eussent-
elles pas été inutiles ! Les dernières
lettres de Séricour me décidèrent.
Je partis brusquement de Metz, après
avoir obtenu la permission d'aller
passer quelques jours à la campagne,
pour colorer mon absence.

J'arrive à S...... Je vole chez Julie.
Je la trouve seule. Son accueil est
tendre quoiqu'un peu contraint. Cependant les souvenirs, mes droits et
ma tendresse l'emportèrent. Nous
passâmes quelques instans heureux,
et nous nous entretenions avec ce
charme de conversation qui prolonge
le bonheur, lorsque Julie, trouvant
qu'il faisait très-chaud, me proposa
de prendre le frais à la croisée du
salon, au premier étage. La nuit

était superbe, et le silence déjà assez profond sur le quai isolé que dominait ce salon. Nous conversions tranquillement à la fenêtre, lorsque, quelques minutes après, j'entends dans l'obscurité, des imprécations sourdes et horribles; un homme passe rapidement et disparaît. Etonné, je questionne Julie qui paraît ignorer la cause de cette fureur. Nous nous quittons en oubliant ce fait et je vole chez Séricour.

Je lui raconte avec émotion ce qui vient de m'arriver. Séricour me répond par un grand éclat de rire. « —Quoi! tu ignores, me dit-il, que
» T*** passe les soirées sur le quai de
» C***, dans l'obscurité, à envoyer
» des soupirs à Mad. D***? tu ignores
» qu'elle aime prodigieusement à
» prendre le frais depuis quelque
» tems; que l'air du quai est très-bon
» pour sa poitrine; que la musique

» du régiment y donne par fois, la
» nuit, des aubades en sourdine; en
» un mot, que tu es l'épouvantail qui
» a fait fuir hier le diable, en pes-
» tant contre l'ange gardien de sa
» beauté. »

Dans ma fureur, je voulais voler chez Julie, frapper, anéantir la terre et les cieux ; mais l'imperturbable Séricour n'opposa qu'un mot à ce vertige, — *C'est inutile.* Puis il ajouta. — « En ce monde, mon ami, il faut
» tirer le meilleur parti de sa posi-
» tion. Punis toi-même l'infidèle, et
» venge-toi de T***. Tu es encore
» assez bien avec Julie ; je me charge
» de donner à notre fat le supplice
» de Tantale. »

Séricour me détermina à demander un rendez-vous pour ce soir même. Je l'obtins avec une facilité dont j'é-tais loin de soupçonner la cause. Sé-ricour, de son côté, comptait mettre à profit les instans près d'Antonine ; mais le sort en disposa autrement.

D'après nos conventions , nous nous rendîmes, à minuit, près de la porte cochère de l'hôtel de Julie ; elle s'entrouvrit, suivant notre usage, au premier coup de ma canne sur le pavé, et nous nous glissâmes dans la cour, sans être aperçus ; car je prenais sur moi d'introduire ainsi furtivement Séricour. J'escaladai à grands pas le petit escalier qui conduisait à l'appartement de Julie , tandis que mon camarade se glissait dans la remise.

J'arrivai dans la chambre de mon amie. Son air me frappa ; j'y trouvai de la contrainte et une tristesse qui m'alarmèrent. En vain je pressai , j'employai les expressions les plus propres à lui faire ouvrir son âme. Cent fois je la vis prête à faire un aveu, et toujours mon regard douloureux le faisait expirer sur ses lèvres. Rassuré enfin par ce silence, par quelques caresses, et par son air de sensibilité, je me livre à l'espérance et bientôt au plaisir de la presser sur mon cœur. Je m'abandonnais à ces transports ravissans, lorsqu'en observant Julie, je la vois baignée de larmes, ses yeux levés au ciel, les mains serrées, et dans l'attitude d'une femme qui s'immole. Pétrifié, saisi d'horreur, je m'élance en arrière en m'écriant avec force : — Vous aimez T***. — « Hélas ! malheureuse ! Je » crois qu'*oui*, reprend-elle. — Et » vous me trompiez ainsi, cruelle ? — Je ne l'ai pas pu, reprit-elle naïvement, en suffoquant de sanglots. — « Vous voulez donc être sacrifiée, » avilie par lui ? — Hélas ! je ne veux » rien *Je sens*.... »

Que répondre à cette franchise ? qu'on juge de l'horrible sentiment qui m'affecta! quelle foudre que ce *oui* en un pareil instant! Ah! j'aurais voulu rejeter à Julie toutes ses faveurs, tout le passé, tout mon être voué désormais au malheur; mais comment résister à son état? Elle paraissait anéantie. Je sonnai sa femme de chambre et m'enfuis comme un éclair.

Je rencontre dans la cour, Séricour qui m'attendait. Nous traversons le jardin pour sortir sans être vus par les voisins, mais dans quelle différence de sentiment : Séricour riant et débitant cent folies; moi sombre, taciturne, désespéré, et entendant malgré moi son récit précipité qui, dans tout autre instant, eût pú faire diversion à ma douleur. Je lui parlais de ma mésaventure, il m'interrompit pour me narrer la sienne. Je le crus malheureux aussi; quelle différence! un simple contre-tems l'occupait.

« A peine blotti dans la remise,
» me dit Séricour, j'ai vu s'avancer
» à moi un fantôme blanc , non un
» spectre décharné, mais une des
» grâces, voilée, la jambe nue, le
» sein palpitant, dans l'attitude de
» la célèbre frileuse. C'était Antonine.
» Arrivée près de ma retraite, j'ai
» volé à mon amie, je l'abordais, lors-
» qu'une maudite lanterne a paru dans
» la cour. C'était Pernon, le valet de
» chambre, suivi de Nanette la grosse
» lingère de la maison , portant un
» paquet. — Monsieur part à cinq
» heures, disait Pernon, dépêchons-
» nous de charger la voiture. — O ciel!
» s'écrie Antonine, ils viennent ici;
» et la pauvrette s'enfuit.

» Je veux en vain la retenir , elle
» m'échappe et se sauve par les pièces
» du rez-de-chaussée , tandis que je
» me blottis étourdiment dans l'é-
» norme vache de la berline, que je

» trouvai à terre au fond de la re-
» mise.

» Je n'ai pas été plutôt dans ma
» cachette, que j'ai senti mon impru-
» dence, car mon drôle a dit à Ma-
» nette, tout en rangeant les paquets:
» —Viens ici, asseyons nous, rions et
» jasons, faisons comme nos maîtres,
» disait Pernon. Ça se divertit joli-
» ment en société, pas vrai? cette
» petite rusée d'Antonine, tu crois
» que c'est sage? Bah! sa vertu joue
» à pigeon-vole depuis long-tems. Ce
» M. Séricour ! Va, il y a quelque
» chose là dessous.

» Et mes deux coquins de s'asseoir
» alors sur la vache où j'étais caché.
» A ces mots, j'ai voulu d'un soubre-
» saut jetter mes insolens à terre,
» mais la crainte d'un éclat me rete-
» nait, lorsque par un hasard propice
» M D**. qui logeait à l'entresol, au
» dessus de la remise, m'a sauvé, en

» criant par la fenêtre : — Pernon ? —
» Monsieur, plaît - il ?.. — Ne chargez
» pas trop cette vache. — Oui mon-
» sieur. (Et nos coquins en effet de
» se lever en sursaut.) — Mettez - y
» pourtant ce qu'il faut — Oui mon-
» sieur. — Dépêchez et venez m'éveil-
» ler à cinq heures.

» A ces mots un long baillement et
» la croisée qui s'est refermée, annon-
» çaient la retraite du bon mari, et
» m'ont fait espérer ma délivrance; mais
» je me trompais sur ce dernier point.
» Pernon une fois rassuré, a voulu
» obéir fidèlement à son maitre. — Al-
» lons, dit-il à Manette, vers le réver-
» bère, (car ils avaient éteint la lanterne en entendant M. D**.) allons
» choisir dans le paquet, ce qu'il faut,
» et je viendrons ranger ça, serré,
» pas vrai ? Mes deux gaillards alors
» se sont éloignés. Pour moi, redou-
» tant un duplicata de leur visite, je

» veux fuir; mais, placés au milieu
» de la cour, ils m'auraient vu. Je n'ai
» donc plus eu d'autre ressource, en
» sortant de la vache, que de m'élan-
» cer derrière la berline, et de là, sur
» l'impériale, où les ordres de M. D**.
» annonçaient qu'on ne mettrait pas
» la vache de sitôt et où je m'arran-
» geais assez difficilement, le plancher
» de la remise étant très-bas et rap-
» proché de la voiture. Néanmoins n'é-
» tant pas vu, je me félicitais de mon in-
» vention, lorsque mes impitoyables
» argus sont venus encore m'en faire
» repentir.

» Après avoir disposé ce qu'il fal-
» lait dans la vache, Pernon monte
» dans la berline et se met à placer
» les pistolets de M. dans le filet. — Oh
» ça, c'est pour les ceux qui nous ap-
» procheront de trop près, en route;
» disait-il à Manette. Ah! ah! Comme
» on est bien dans ces voitures! monte

» donc. Assieds-toi, à coté de moi.
» Comme çà danse! (et le coquin de
» la faire danser en agitant la voiture.)
» Manette, ces ressorts à tire-bouchon,
» çà vous renvoie au nues. (En effet,
» l'impériale me cognait contre le
» plancher de la remise,) et ces sou-
» pentes! ça vous a un jeu.

» Bientôt l'imitation a produit un
» crescendo de mouvement qui me
» broyant à chaque saut contre le
» plancher de la remise, aurait fini
» par m'applatir comme une sole, et
» dans mon embarras, je me suis écrié :
» *Les coquins*! La voix partant d'en
» haut, le couple a été médusé : il a
» cru que monsieur criait de son en-
» tresol.— C'est fini, monsieur, a dit
» Pernon tout confus, v'là que je m'en
» vas. Et mes drôles me délivrant enfin
» par cette méprise, m'ont permis de
» respirer et de te rejoindre. Quant

» à toi ce sera du tragique. Voyons
» j'attends ton histoire. »

Un soupir profond fut ma seule
réponse et fit connaître à Séricour
que j'avais à peine entendu un récit
si peu convenable à ma position. Mon
air sombre, anéanti, l'allarma, et il
vit bien qu'il fallait changer de discours. Revenu enfin à moi, je lui ra-
contai mon malheur. — « Je m'y at-
» tendais, reprit-il; mais T**. n'en aura
» pas moins été certain que tu as passé
» encore près de Julie deux heures en
» tête-à-tête, et je suis d'avis de cacher
» l'affreuse idée que tu en emportes,
» pour punir la fatuité de ton rival.
» Vain amour-propre ! m'écriai-je,
» hélas! quel sera mon avenir. »

Les premiers instans se passèrent
en projets les plus sinistres. Tantôt
je voulais, en me mesurant avec T**.
me délivrer d'un rival, ou d'une vie
odieuse; tantôt regardant du haut du

quai, l'onde tranquille de la Meuse qui semblait, au point du jour, m'offrir l'asile du repos et de la froideur, j'étais prêt à embrasser Séricour et à m'élancer dans l'abîme. Je choisis le premier projet. J'allai défier T**. qui m'alongea un vigoureux coup d'épée dont je fus au lit six semaines; et le libertin triompha; tant il est vrai que le jugement des armes est celui de Dieu! Je l'avoue, cette passion malheureuse décida du sort de ma vie entière. J'étais si pur, si franc, si naïf en cet amour, que je ne crus plus à la bonne foi des femmes; je les jugeai toutes sur une seule, et ce premier souvenir fut la principale base de mon inconstance.

L'amitié adoucit enfin mes premiers transports. Séricour me conduisit à Givet, chez des parens aimables dont les soins empressés et délicats calmèrent les tourmens cruels que j'éprouvais : et bien qu'un malin sourire m'annonçât souvent que mon malheur était connu, je vis qu'on me plaignait. Je vis que la bonne foi, l'amour vrai, silencieux et délicat intéressent à tous les âges ; et le chapitre des consolations se serait ouvert bientôt pour moi dans la société, si, trop jeune, trop tendre encore, je n'avais imaginé qu'on n'aimait qu'une fois dans la vie.

Quinze jours se passèrent dans cette retraite où une société nombreuse et choisie apporta imperceptiblement une légère diversion à mes peines. Je pris enfin mon parti avec une fermeté au-dessus de mon âge et de mes impressions brûlantes. Je renvoyai à Julie ses lettres. Je n'y ajoutai pas une seule plainte et je retournai brusquement à Metz, décidé à livrer à l'étude une imagination si fatale, quand elle s'abandonnait uniquement à un sexe que j'adorais.

Séricour partit dans le même tems pour Paris, où notre correspondance prit une tout autre couleur. Il avait, de son côté, abandonné Antonine dont il était tendrement chéri ; et le plaisir, quoiqu'injuste, qu'il éprouvait à venger son ami sur une autre femme, tout en me donnant une haute idée de son attachement pour moi, ne m'en donna pas une bien estimable de son amour. J'imaginai dès lors, qu'il aurait de grands succès dans le monde. Il débutait par quitter une femme avec éclat ; il prenait un essor fait pour l'illustrer : je ne me trompais pas. L'avenir le prouvera à son égard, tant pour ses succès que pour son châtiment.

Ainsi, pour cette première aventure, je pouvais compter un duel, une affaire dangereuse à assoupir par le président du baillage de S..... la haine de M. D... magistrat considéré dans cette ville, celle de dix à douze aspirans aux bontés de sa femme, et mille chagrins inséparables de ces événemens : tout cela pourtant n'était qu'un léger prélude des suites funestes d'une fatale galanterie.

A cette époque 1790, le nouvel ordre des choses établi en France, surtout pour l'armée, ayant décidé la réforme des corps étrangers, le régiment de Hesse-Darmstadt fut licencié, et les officiers furent libres de retourner en Allemagne. Quelques affaires m'appelèrent à Troyes en Champagne, au moment de ce licenciement. Il y eut une forte émeute dans cette ville, et comme officier étranger, je fus poursuivi et courus d'assez grands riques de perdre la vie par une méprise de nom et par quelques imprudences militaires commises envers les bourgeois. Mes hôtes me conseillèrent de partir et de me déguiser pour éviter de nouveaux dangers. Je me rendis à Sens, pour y attendre des nouvelles et des fonds de ma famille.

Là je pris les vêtemens d'un garçon menuisier, pour éviter les recherches qu'on persistait à faire de ma personne. Je m'étais amusé dans mes garnisons à faire des ouvrages au tour, où j'excellais : et je me présentai, comme compagnon chez le père Mallet, veuf et menuisier estimé dans la ville; bon ouvrier, bon père, bon vivant, quoiqu'un peu brutal.

Le père Mallet avait une fille charmante, nommé Louise. C'était la beauté de la ville de Sens. Sage, modeste, ses grands yeux bleus en amande, semblaient ne respirer que la vertu et l'amour de ses parens. Peut-être un regard sur cette fille angélique, décida-t-il mon entrée chez le père Mallet, plus encore que le péril réel que je courais, et la necessité de

me déguiser; mais je proteste que dès
le principe, je n'avais formé aucun
projet blâmable. Mon adresse au tour,
ma gaieté et mes prévenances envers
le bon menuisier, me rendirent bientôt l'objet de ses affections, et même
de celles de sa fille, d'autant que dans
peu de tems, les pratiques du père
Mallet doublèrent en nombre, et que
toutes les servantes de la ville de
Sens eurent des pieds de table cas-
sés, ou des chaises à réparer. On ne
me désignait plus, dans la ville, que
par le titre du gentil menuisier, ou
du beau *Jacques* (c'est le nom que
j'avais pris). Je travaillais, chantais
et buvais gaîment avec le père Mallet,
en attendant, de mes parens, les
fonds nécessaires pour retourner en
Allemagne; mais les interruptions des
postes aux frontières, l'ouverture des
lettres, ou peut-être la perte véritable
de quelques - unes, rendirent cette

correspondance fort longue : et je ne jugeais point d'ailleurs devoir mettre mon hôte dans la confidence des motifs de persécution que j'éprouvais.

Mon travail, mon caractère jovial et cette douce égalité, si dangereuse pour l'amour, amenèrent bientôt la confiance de Louise, et une familiarité que le père Mallet blâmait d'autant moins, que je dus voir clairement qu'il n'aurait pas été fâché de m'unir à sa fille unique. Il ne s'expliqua point clairement sur cet article, car assurément s'il m'eût placé, par cette déclaration, entre le mensonge et mon congé, nul doute que je n'eusse énoncé clairement l'impossibilité où j'étais de contracter ce lien. Le malheur voulut qu'il révoquât si peu en doute la convenance de ce mariage pour moi, qu'il crut devoir laisser simplement aller les choses; et c'est ce qui nous perdit tous.

Louise joignait à sa beauté une âme
tendre et silentieuse. On lisait, dans
ses regards, une douceur mêlée d'un
grand caractère. Je ne tardai pas à
démêler que j'étais l'objet de sa pensée secrète pour le choix d'un époux :
car, toutes les fois que les jeunes servantes de Sens venaient commander
de l'ouvrage, ou faire raccommoder
leurs meubles, le plus souvent fort
peu endommagés, elle ne manquait
pas, avec un sourire légèrement ironique, de leur faire remarquer que
l'apprentif pourrait bien s'en charger,
ou que le meuble avait déjà été rac-
commodé plusieurs fois; et qu'enfin
il fallait mieux prendre l'intérêt de
leurs maîtres. Le plus souvent elle
les congédiait, en ne m'appelant point
et disant que j'avais trop d'ouvrage.

Si les dames de la ville me faisaient
travailler, c'était toujours Louise qui
m'apportait mon dîner, et qui venait

s'assurer par elle - même de leurs charmes, de leur franchise, et de leur innocence dans mes absences.

Des journées entières passées ensemble, des fêtes de village, des promenades aux champs amenèrent bientôt l'aveu des sentimens de la pauvre Louise. C'est alors que j'aurais dû me dire : « Tu n'es qu'un oiseau de pas-» sage ; ne viole pas les droits de l'hos-» pitalité, n'abuse point une malheu-» reuse qui s'abandonne à toi, dans » l'espoir d'un nœud que tu ne peux » contracter : » Mais j'avais vingt-quatre ans ; j'étais si étourdi encore, Louise était si belle, que, sans calcul, sans prévoyance, l'infortunée, un soir que son père était à son esta-minet, s'abandonna sans réserve à son prétendu futur. Elle était si pure, si innocente, qu'elle ne connut qu'à peine la transition de la sagesse à l'erreur.

La beauté extrême de ma jeune
amie, sa candeur, sa confiance trompée me causèrent de secrets remords,
et combien ils s'accrurent quand cette
aimable enfant me dit avec naïveté :
— » Mon ami ! mon cher Jacques ! je
» vais te rendre bien heureux ! mon
» père m'a parlé de toi ; il veut nous
» marier : et cela aussitôt que tu au-
» ras arrangé ma chambre en beau
» sapin. Ainsi cela dépend de toi ,
» mon ami. »
   Combien ce ton naïf me déchira :
— » Dépêche-toi, mon cher Jacques,
» disait-elle, une simple boiserie suf-
» fira, tu travailles si bien ! tu es si
» adroit, que, si tu veux ce sera bien-
» tôt fait.
   — « Oui, ma chère Louise, lui di-
» sais-je, je t'aime, et si je pouvais
» embellir ton séjour, crois que bien-
» tôt... — Eh ! que nous faut-il ? mon
» ami ! une simple boîte en bois blanc,

» notre chambre est si petite, que
» nous serons bientôt mariés, si tu
» veux y travailler. Mais à propos!
» tes parens? tu ne m'en parles ja-
» mais. Où sont-ils? —Oh! bien loin!
» bienloin! —Il nous faudra leur con-
» sentement. Que font-ils? Sont-ils
» menuisiers aussi, ou forgerons?
» — Mon père...a une forge....mon
» amie (en effet, la plupart des sei-
» gneurs de Nassau en possèdent).
» — Oh bien! de menuisier à forge-
» ron il n'y a que la main. Que je suis
» heureuse, mon cher Jacques! al-
» lons, dès ce moment, promets-
» moi que tu vas travailler à ma
» petite chambre, en sapin.

— » Je te le promets.» Hélas! je ne
m'attendais pas que cette promesse
serait aussi terrible et aussi bien remplie. Je commençai en apparence cet
ouvrage ; mais comme il me tombait
des mains , en pensant que je trom-

pais cette infortunée, qui ne pouvait jamais être à moi ! Le père Mallet qui, sans doute, ignorait notre intimité, mais qui voyait notre penchant avec plaisir, nous laissait libres, pour aller à son estaminet; et nos soirées se passaient à aggraver notre erreur et mes torts.

La pauvre Louise éprouva bientôt un malaise, indice presqu'assuré de la nécessité de presser notre union. C'est alors que la reflexion tardive vint me montrer, dans toute son étendue, la noirceur de ma conduite, et l'abyme ou mon imprudent égoïsme plongeait l'innocence.

Je sentis l'obligation absolue de partir, et cependant je ne pouvais m'y résoudre, quand je jetais les yeux sur la céleste Louise. J'étais dans cette perplexité cruelle, lorsque les lettres que j'attendais de Siegen, au pays de Nassau, arrivèrent enfin. Elles avaient été décachetées à la poste de Kell , abus trop commun dans ces tems de désordre et de méfiance. J'étais absent, lorsque le paquet arriva à la boutique. L'infortunée Louise , trop éprise pour ne pas s'élancer sur tout ce qui pouvait m'intéresser, trop persuadée d'ailleurs que nous étions déjà unis, pour croire que j'eusse un secret à lui cacher, la pauvre Louise, dis-je, lut cette lettre décachetée. Elle y vit clairement que mes parens étaient seigneurs au pays de Nassau ; qu'ils me rappellaient près d'eux , après la réforme des régimens allemans ; et qu'enfin ils projettaient de me marier dans la ville de Siegen.

A cette lecture l'innocente créature était tombée sans connaissance : — Jacques m'a trompée ! s'était-elle écriée, « le cruel ! eh bien ! oui ! oui ! » il fera ma chambre malgré lui ». Voilà l'exclamation terrible qui lui échappa, dans son égarement affreux, et dont elle ne vérifia que trop depuis, le sens effroyable.

La malheureuse, quand je rentrai, eut la force de cacher son désespoir. Elle se dit malade, et s'enferma dans sa chambre, d'où elle ne descendit pas de la journée. Le lendemain, le père Mallet vint à la boutique, et me dit : — « Tiens, Jacques, voilà » une commande que l'on a oubliée » de te remettre hier. C'est pour quel- » qu'un de la ville qui est pressé. —Je lus sur un chiffon de papier ces mots : — *une bierre en sapin, pour une taille de cinq pieds : il la faut pour demain, à neuf heures.*

Le père Mallet ajouta : — « Cette » étourdie de Louise a oublié de te » donner ce papier hier, dit-elle, mais » elle avait une si horrible migraine » que cet oubli n'est pas étonnant

3 *

» Allons, à la besogne, et dèpêche-tói,
» mon ami ».

Je ne sais quelle secrète horreur
s'empara de moi en travaillant à ce
funèbre ouvrage. Quoique j'ignorasse
entièrement ce qui s'était passé, l'ouverture des lettres venues de Siégen,
leur arrivée même, et le désespoir de
Louise, jamais je n'avais éprouvé un
trouble, une aversion pour le travail,
pareils à ceux que je ressentais dans
ce moment.

Mais combien cette énigme épouvantable s'expliqua, quand la vieille
femme qui gardait ma victime deve-
nue plus malade qu'on ne croyait,
accourut, le même soir, en poussant
des cris et appelant le père Mallet !
— « Accourez, accourez, criait-elle,
» votre fille est folle ! voyez ».

A ces mots, je me retourne et j'ap-
perçois sur les marches de l'escalier
de l'arrière boutique, la malheureuse

Louise, à demie vêtue, belle et horrible à la fois, les yeux hagards, échevellée, la lettre de mes parens à la main, et criant ! — «Travaille, » travaille donc traître Jacques ! je » veux mourir : je savais bien que tu » ferais ma dernière chambre mal- » gré toi. Je l'attends, dépêche-toi, » traître Jacques ! je veux mourir » ma chambre ! ma chambre de » sapin ! »

Rien ne saurait décrire le coup affreux que ce tableau déchirant me donna, car je tenais en ce moment la bierre de ma victime. Elle me la montrait ! et la prétendue chambre de l'hymen n'était plus pour elle que l'azile de la mort que je lui préparais.

En ce moment, le père Mallet entra, chantant à son ordinaire, et quand il vit sa fille en cet état affreux, il faillit tomber à la renverse. Il courut à elle. — «Tiens, lis, lis, mon

» père ! criait-elle , en me montrant,
» il m'a trompée. Je suis enceinte, il
» part, laisse-lui achever ma bierre ,
» et ne lui fais pas de mal. »

L'infortuné Mallet , les cheveux
hérissés de désespoir , parcourt la
lettre de mes parens. A mesure qu'il
la lisait , l'écume et la rage se mon-
traient sur sa bouche tremblante, et
avant que, dans ma confusion dou-
loureuse, je l'eusse apperçu, il prend
sa hache et m'en assène un coup horrible que ma tête évita, mais qui me
coupa deux doigts de la main gauche sur l'établis.

Malgré la violence de la douleur,
le désespoir de ce vieillard malheureux , l'état déchirant de sa fille,
l'horreur de mon crime me contin-
rent Je m'enveloppai la main avec
de la sciure de bois et mon mouchoir ; puis retenant le vieillard qui

était hors de lui, je le conjurai de m'entendre :

« —Sors, sors d'ici, perfide débau-
» ché ! me criait Mallet : je t'ai ac-
» cueilli dans ton malheur ; je t'ouvre
» mon sein, te donne ma fille, et
» pour prix de mes bienfaits, tu me
» déshonores ?

Je veux envain lui expliquer l'en-chaînement imprévu de cette aven-ture, il court au plus pressé, à sa fille, qui était dans des convulsions horribles et dans un délire com-plet. Les voisins m'entraînèrent, et grâce au Juge-de-paix, pour lequel j'avais travaillé souvent, et auquel je confiai, en secret, ma funeste im-prudence, je fus sauvé de la première fureur de Mallet et de celle de ses voisins.

Caché chez ce vénérable magistrat, à la campagne, je pus faire alors de profondes réflexions sur mon horrible légèreté , et combien l'amour que m'inspirait encore Louise , et son affreuse situation les rendaient plus cruelles ! Dans le jour, dans mes songes, par tout, je voyais cette fille superbe et innocente, me crier : — « Achève donc ma chambre ! je l'at- » tends. »

Le Juge-de-paix, me voyant désespéré , eut pitié de mon état. — «Mal- » heureux jeune-homme ! me dit-il, » voyez où nous conduisent nos fu- » nestes passions, quand la réflexion » et la morale surtout ne sont pas » nos guides. Votre jeunesse peut vous » rendre moins coupable en ce mo- » ment; mais craignez, dans l'avenir, » ce penchant funeste pour un sexe » faible , et auquel nos plaisirs coû- » si cher. Croyez , croyez surtout » que les plaisirs immoraux sont em- » poisonnés sans cesse par la crainte , » le remord et l'inimitié de ceux

» qu'on offense. Puissiez-vous ne l'é
» prouver jamais ! »

Il m'apprit bientôt que mes malheurs et mes torts étaient comblés.
L'infortunée Louise n'avait pu mo u
rir ; mais sa tête était entièrement
dérangée. On l'avait conduite à l'hôpital de Sens, où elle ne proférait que
ces mots affreux, entre ses dents : —
« *Travaille Jacques ! ma chambre !*
» *ma chambre de sapin ! Tu ne la*
« *finiras donc pas. Ah mon Dieu !*
» *que c'est long !* »

Ces récits m'arrachèrent des torrens de pleurs, mais ne pouvaient
rendre la raison à ma victime, et à
son père un enfant chéri qui faisait
toute sa consolation.

Mes parens m'avaient fait parvenir
en même temps que la lettre qui avait
produit cette catastrophe, une lettre-
de-change de 2,000 florins. Je voul-
lus la faire accepter, par l'entremise

du juge-de-paix, au père Mallet, comme une faible indemnité de mes torts; mais ce bon vieillard la refusa avec une nouvelle indignation, et me montra que l'honneur était ici sous la bure et non sons le haussé-col.

Je fis remettre secrètement alors cette somme aux économes de l'hôpital de Sens, pour soigner l'infortunée Louise que mes erreurs y avaient conduite. Hélas! quelle faible expiation d'une faute, d'une perfidie involontaire dès le principe, mais que j'eusse évité peut-être par la bonté de mon cœur, sans la fatale légèreté qui dirigeait alors la haute société à cette époque où les succès de galanterie, même les plus pervers, étaient honorés comme des hauts faits!

Je m'éloignai de Sens, le cœur navré et après avoir fait un emprunt à Strasbourg, où j'avais laissé quelques connaissances pendant que je servais dans

Darmstadt, je me rendis au pays de Nassau. Avec quel transport me revit ma pauvre mère! mais je me gardai bien de lui raconter mes aventures, et de lui prouver à quel point ses craintes sur ma passion pour le beau sexe avaient été justifiées par ma conduite.

Après un séjour de quelques mois au sein de ma famille, que je trouvai assez divisée sur le parti qu'elle avait à prendre dans la situation politique de l'Allemagne, je fus envoyé en Tyrol chez mon vieil oncle de Bettmann, près du pays de Salzbourg. Lui seul devait décider si je reprendrais du service en Allemagne.

Je trouvai mon oncle de Bettmann plongé dans les rêveries du *kantisme;* dans cette philosophie obscure, cette métaphysique délirante que ses sectateurs ne comprennent pas bien eux-mêmes. Cet homme du monde, ce vieux guerrier était devenu, depuis cette manie bizarre, un ours, un inspiré et un misantrope à-la-fois. Les cours des souverains qu'il avait tant prônées jadis, lui semblaient des forêts infestées de voleurs ou d'animaux dangereux, et les exploits guerriers, des actes de démence et de barbarie. Il me signifia même que si j'entrais dans ces corps organisés de *bouchers privilégiés*, disait-il, et qu'on appelait *armées*, j'eusse à renoncer à son héritage.

Tout en respectant la manie philosophique de mon pauvre oncle, je regrettais fortement d'ensevelir, dans l'oisiveté, mes études militaires, et j'attendais que quelque événement propice me permit de revenir à mes goûts guerriers, lorsqu'une rencontre que je fis à la chasse quelques mois après, me rendit le séjour du Tyrol plus cher, et me fit supporter plus aisément l'inaction à laquelle j'étais condamné.

Je rencontrai, un soir, près d'un chemin creux, un charabanc du pays, versé, et des dames qui faisaient des cris perçans. J'accourus, et j'aidai ces belles voyageuses à se tirer de la fondrière où leur voiture champêtre était plongée. Un pauvre valet tyrolien n'y pouvait suffire, et je parvins à les remettre sur pied. On m'offrit, alors, par reconnaissance, une place sur le charaban. Je l'acceptai avec transport, car la dame était plus que jolie. Elle paraissait avoir vingt-quatre ans environ. Je voyais une taille céleste, un petit chapeau tyrolien sur l'oreille, et, avec tout cela, une fraîcheur, une grâce et une légèreté admirables : en était-ce assez pour me frapper ? Je demandai à ma belle voyageuse où elle allait. — « A mon châ-
» teau de Valstein, dit-elle, à quatre

» petites lieues d'ici — Au château
» de Valstein? m'écriai-je : c'est tout
» près de celui de mon oncle Bett—
» mann! ah! si je l'eusse su plutôt» !..
Je m'arrêtai à ces mots. La jolie Tyrolienne rougit et me devina : car elle
changea de discours.

Bientôt, sur la route, la conversation s'anima. Madame de Valstein me
» confia que son mari commandait,
» à l'armée autrichienne du Rhin, un
» corps de Tyroliens; que c'était un
» officier très-distingué; mais que sa
» gloire et son avancement lui coû-
» taient bien cher, puisqu'elle en était
» toujours séparée; et que, cependant
» l'âge de M. de Valstein, (puisqu'il
» avait plus de cinquante ans), devait
» lui suggérer l'envie de profiter en-
» core des douceurs de son automne. »
Je m'étendis alors sur le mérite qu'il
devait avoir à supporter l'absence
d'une épouse aussi belle. Madame de

Valstein me rit au nez : elle n'aimait pas les complimens. — « On vous pren-
» drait, Monsieur, pour un officier
» français, à cette manie d'éloges et
» de petits mensonges flatteurs qui
» vous échappent sans cesse. » Je lui avouai alors que j'avais servi en France. — « Je l'aurais parié, dit-
» elle : Ah ! restez dans nos montagnes,
» c'est là qu'on est franc et naturel. »

Je convins qu'il me serait bien doux de prendre des leçons d'amabilité du pays à une école si piquante et si pure ; mais que pour la franchise, il me serait impossible de dissimuler plus fortement ce qu'on m'inspirait.

En ce moment nous arrivions. Je demandai la permission de venir sa-voir des nouvelles des suites de l'ac-cident. Cette permission me fut ac-cordée comme voisin, et je retournai à Bettmann la tête un peu échauffée par cette rencontre imprévue.

Dire que toutes mes courses de chasses furent dirigées de ce côté désormais, ne sera pas étonner le lecteur; mais dire que l'aimable Tyrolienne paraissait souvent aux croisées du vieux château de Valstein quand je passais, au loin, sur la route, ne sera-ce pas faire un peu trop les frais de son naturel et de sa franchise?

Cependant j'avouerai que ces croisées avaient toujours l'air de s'ouvrir par hazard; que dès qu'on apercevait le chasseur, on refermait les volets, sans doute pour modérer l'ardeur du soleil; mais on rejoignait si peu, si peu ces volets, qu'un petit intervalle au milieu d'eux, laissait entrevoir la blancheur d'une robe de femme et ne laissait pas douter qu'on ne regardât, croyant n'être pas vue.

Ces légers indices d'intérêt accrurent mon espérance, étouffèrent mes réflexions, et dissipèrent insensiblement les tristes souvenirs de mes amours passés et des malheurs de Louise.

Peu après, la belle et naïve Tyrolienne s'aventura davantage. Elle descendit dans le parc. Elle donnait des ordres aux ouvriers ; et cela, toujours du côté où se faisaient entendre mes coups de fusil. Enfin, un beau jour, un loup, le croirait-on ? fut mon interprète d'amour. J'avais blessé l'animal furieux : il se dirigea du côté du bois qui avoisinait le château, et où se trouvait pour l'instant madame de Valstein. L'animal courait sur trois pattes en ayant une cassée ; et il s'enfonça bientôt dans ce petit bois, où il disparut. Soudain les cris perçans de madame de Valstein se firent entendre. J'y volai, en suivant une trace de sang toujours plus forte, et ignorant, d'après le redoublement des cris, si ce sang était celui de la bête féroce ou celui de sa victime, dont j'entendais la voix étouffée et gémissante.

J'arrivai assez à tems, pour reconnaître que l'effroi seul causait ces cris, et pour terrasser le loup d'un coup de carabine, avant qu'il put atteindre Mad. de Valstein qui tomba sans connaissance en mes bras. Dans ce moment, son garde de chasse Tirolien, le même qui conduisait le charaban, arriva et m'aida à transporter au château la belle épouvantée.

On pense, qu'en reprenant ses sens, la reconnaissance eut sa part dans les expressions de la charmante Tirolienne; mais je m'apperçus aussi que le garde-chasse, malgré son air niais, et son grand cou démanché, me regardait en dessous.

Le lendemain je revins naturellement savoir des nouvelles de la belle voisine, et ces visites se réitérèrent pendant plusieurs jours, où Mad. de Valstein, avec cet abandon si naturel au pays, laissa échapper quelques indices d'une reconnaissance bien tendre. Enfin, la solitude, un séjour charmant, et tant de motifs de confiance, amenèren'. ma liaison intime avec Mad. de Valstein. D'après son propre aveu, son époux vivait toujours loin d'elle. Je ne le connaissais point. Je n'avais donc ici, à la rigueur, aucune mesure à garder, et sentais moins de scrupules qu'en toute autre occasion ; mais j'éprouvai bientôt que rien n'excuse une liaison criminelle qui blesse les droits sacrés de l'hymen ; que l'époux sensé qui, par devoir, s'immole loin de son épouse, n'en est souvent que plus passionné et plus susceptible. Son âme fermente dans la solitude et les privations. Les rapports de ses gens l'exaspèrent, et l'explosion d'un mal qu'il n'a pu empêcher et qu'il apprend tout-à-coup, n'en est que plus forte et plus terrible.

Je voyais tous les jours Mad. de Valstein sans méfiance, tandis que son époux se battait sur le Rhin avec ses Tiroliens, et je me livrais, d'après l'obstination de mon oncle pour m'éloigner de la carrière des armes, à une sécurité funeste. Mais je remarquai bientôt que Schaffner, le garde-chasse, dont j'ai parlé, m'épiait, tout en me faisant son accueil niais, comme à l'ordinaire. Il écrivait en cachette sur l'écorce d'un hêtre de la forêt, des marques, à chaque visite que je faisais. Je m'en aperçus par hasard, et lui demandai ce que cela signifiait. « Oh ! me dit-il, avec son air naïf et sournois, » ce sont des marques pour » les braconniers qui chassent sur nos » terres, car je ne sais pas écrire, mon » bon Monsieur ! »

I: disait vrai ; mais il faisait écrire par le bailli, et je ne fis pas attention pour le moment à cette prétendue naïveté, qui s'expliqua cruellement dans la suite.

Deux mois de félicité s'écoulèrent rapidement. Mais, le dirai-je, j'éprouvais au fond ces pressentimens funestes, ces remords anticipés, ces terreurs fiévreuses que le ciel juste envoie aux amans coupables pour compensation d'un bonheur criminel. Cependant Mad. de Valstein était pure, tendre et ravissante dans son abandon, lorsqu'elle reçut et me communiqua un jour, brusquement, une lettre qu'elle venait de recevoir de M. Valstein. C'était la foudre sous enveloppe ; il s'exprimait ainsi :

« Pendant qu'un époux qui vous
» adore, s'immole à son devoir, vous
» trahissez indignement le vôtre, je
» le sais. Si nous n'étions à la veille

» d'une bataille décisive, je serais
» déjà parti. Tremblez! ma vengeance
» sera terrible » !

Quel coup pour une femme naïve
et sensible, dont la première faute
avait été imprévue et qui était tombée
dans le précipice avec l'innocence et
l'étourderie de son âge! Le désespoir
le plus affreux s'empara de mon amie.
Elle me conjura de cesser mes visites,
sans prévoir que c'était accroître les
soupçons, et j'étais moi-même dans
une perplexité extrême, lorsque mon
oncle de Bettmann m'en tira, sans le
savoir, en m'envoyant à Vienne pour
une mission relative aux intérêts du
pays; mission que je ne pouvais refuser
sans m'attirer ses reproches et ceux
des principaux habitans du Tirol.

Ma séparation de Mad. de Valstein
fut déchirante. Il semblait que nous
pressentions tous les malheurs qui al-
laient nous acabler. Cette âme déli-

cate avait conservé ses principes d'hon-
nêteté et de candeur. Un voile épais
tombait, en ce moment, de ses yeux
fascinés; et sa beauté et sa douleur
profonde me jetèrent dans un état
de trouble et de regrets, que les préparatifs d'un départ forcé et précipité,
purent seuls alléger un moment.

Elle me promit de m'écrire ce qui
se serait passé. Je lui donnai les
moyens de me faire parvenir ses lettres
à Vienne; mais, en s'y engageant,
elle jura que ses lettres ne seraient plus
que des témoignages d'amitié et de
tendres souvenirs; que le sentiment
de ses devoirs et de son crime étouf-
fait désormais toute autre pensée.

Je me rendis à Vienne et me hâtai
de presser la solution de l'affaire qui
m'y appelait, pour pouvoir retourner
en Tyrol, lorsqu'arriva subitement
la nouvelle de la bataille de . . . . .
où l'armée autrichienne eut un désa-

vantage marqué et perdit un grand nombre de prisonniers. Le bruit se répandit bientôt que ce désastre était attribué principalement « à la sur- » prise d'un corps tyrolien, dont le » chef, le comte de Valstein, était » parti précipitamment la nuit qui » avait précédé la bataille, et que » cette absence subite et sans ordre, » allait être punie d'une manière ter- » rible, d'après l'avis du conseil au- » lique de guerre ».

Que devins-je à cette affreuse nou- velle? Je vis, d'un trait, l'affreux abîme où ma légèreté avait entraîné toute une famille : Mad. Valstein perdue, son époux déshonoré, sa tête sous la hache peut-être, et moi, premier coupable, livré à des re- mords intérieurs pires que les tour- mens de mes victimes.

Quoiqu'ayant l'esprit troublé par tant de coups accumulés, je me pressai

jour et nuit pour terminer l'objet de
ma mission , et retourner en Tyrol,
réparer , par tous les moyens qui
seraient en mon pouvoir , l'erreur
cruelle qui était si fatale aux Valstein,
lorsque je reçus cette lettre de ma
malheureuse amie :

« Il est arrivé, terrible, juste, mena-
» çant! il connaissait toute l'étendue
» de ma faute , et il l'a lue , sans dé-
» tour , dans mes yeux , dans mon
» silence même ; car je ne sus jamais
» mentir. Il a eu pitié de moi ; mais
» je ne l'aurai pas cette injuste pitié
» pour moi-même. J'ai déshonoré, j'ai
» assassiné l'homme le plus vertueux,
» le plus tendre , le plus dévoué à ses
» devoirs ; il a quitté l'armée la veille
» d'une bataille qu'il ne prévoyait pas.
» Il espérait être de retour ; le sort a
» trahi son espoir et celui de l'armée :
» tout est perdu. Je dois mourir...
» Infortuné Valstein ! au moment

» où sa bonté touchante me pardon-
» nait, des gardes sont entrés, on l'a
» arraché de mes bras ; on l'entraîne
» à la forteresse de Kufstein où il doit
» être jugé dans les quarante - huit
» heures et décapité... Son arrêt est
» le mien... c'en est fait. Adieu ,
» adieu pour jamais ».

Le bruit se répandit bientôt à Vienne que Mad. de Valstein avait terminé ses jours par le secours de l'opium ; qu'on avait trouvé cette infortunée endormie à jamais dans les bosquets de son parc , tenant le portrait de son époux sur son cœur. On ajoutait qu'un amant , un lâche séducteur était la cause de tous les maux de cette respectable famille. Il me sembla , (quoiqu'il fût ignoré encore ,) entendre partout prononcer mon nom abhorré comme celui d'un assassin. Je n'osai plus reparaître à la cour , à la ville , dans les rues mêmes , et je ne sortis de mon abattement affreux que pour former un projet expiatoire. « Sauvons, sauvons M. de » Valstein, me dis-je, sacrifions y, » s'il le faut, ma fortune, ma vie » c'est un devoir sacré ».

J'empruntai aussitôt une somme considérable à Vienne, d'après la confiance que devaient inspirer ma mission et les pièces dont j'étais porteur. Je me rendis sur le champ à Kufstein, et là, à force de peines et d'argent, je parvins enfin à pénétrer jusqu'au geolier, auquel je promis dix mille florins, s'il voulait consentir à laisser échapper M. de Valstein. Je lui en remis de suite une partie, avec prière de faire parvenir au prisonnier une lettre où, sans se nommer, on lui annonçait « que la cour de Vienne » ordonnait au conseil de guerre d'être » inflexible envers lui ; que sa mort » était inévitable ; que si cette mort

4 *

» lui était indifférente d'après ses vio-
» lens chagrins , il devait songer au
» moins qu'elle entraînait la confis-
» cation de ses biens et la ruine to-
» tale, la misère absolue de son unique
» héritier , du jeune enfant que lui
» laissait son épouse; que cette pensée
» devait le rattacher à la vie , et le
» décider à accepter les moyens d'é-
» vasion qu'on lui donnait pour at-
» tendre des tems plus propices à la
» révision de son jugement et à ré-
» habiliter sa mémoire , ou du moins
» à sauver la confiscation et la men-
» dicité à son fils.

Le comte de Valstein , suivant le
rapport du geolier , refusa d'abord
avec mépris tout projet d'évasion. Cependant l'idée horrible de voir flétrir
sa mémoire et de laisser dans la misère un enfant qu'il adorait, le détermina à accepter un parti qui pouvait
faire différer son jugement; mais cela,

sous plusieurs conditions : « 1°. qu'il
» enmènerait le geolier pour l'arra-
» cher aux périls qui l'attendaient
» après son évasion ; 2°. qu'il s'enga-
» geait , par un serment écrit qu'il
» laissait , à revenir apporter sa tête
» si on renonçait pour son fils à là
» loi horrible et injuste qui frappait
» et dépouillait l'innocente postérité
» d'un coupable. 3°. qu'on le condui-
» rait droit à moi , pour tirer une
» juste vengeance , les armes à la
» main , de l'auteur de sa perte , ou
» périr lui-même , et terminer ainsi
» tous ses malheurs ».

Ce dernier point dut décider un
homme d'honneur à tout tenter pour
satisfaire son ennemi. — « Oui , oui ,
» qu'il échappe à une mort infâme ,
» me dis-je , dût le sort , l'équitable
» sort le venger après. Faisons d'abord
» notre devoir de libérateur ».

Le geolier fit parvenir à l'infortuné

Valstein des vêtemens de tyrolien, pareils à ceux de quelques parens de prisonniers de la forteresse qui avaient permission de venir les voir sur les remparts. L'heure pressait : le conseil de guerre avait prononcé cette nuit même , l'arrêt de mort. A la pointe du jour, les grenadiers du régiment de Giulai , hongrois, devaient fusiller l'infortuné Valstein : on en voyait déjà les apprêts sur les glacis du fort. Il n'y avait pas un moment à perdre. Je pénétrai sur les pas du geolier jusqu'au dernier guichet ; il allait s'ouvrir pour laisser passer le prisonnier libre , lorsque j'entendis cette brève conversation : — « Avant de sortir , disait M. de Valstein, » je veux savoir » absolument qui peut avoir fourni la » somme considérable nécessaire à ma » délivrance , et quel est mon libéra- » teur ?—C'est mon secret, Monsieur. » Le tems presse : partez. — Non , je

» veux savoir absolument... Ce billet
» que tu m'as remis est d'une écri-
» ture...., que j'ai cru reconnaître.
» (En effet, il avait vu quelques-unes
» de mes lettres à sa femme.) — Je ne
» sais ; mais partez. La garde vient
» vous prendre pour l'exécution ; elle
» monte déjà la rampe du fort, là-bas,
» à une petite portée de fusil d'ici ;
» voyez les armes briller.... — N'im-
» porte, je veux savoir... — Vous
» êtes perdu ! Partez donc, m'écriai-je
» involontairement. — Quelle est cette
» voix ? dit plus fortement Valstein.
» — Eh ! c'est c'elle de votre sauveur,
» du comte de G**., dit le geolier. —
» O ciel ! cria Valstein, plutôt la mort
» que de devoir la vie à ce traître ! »
Il repoussa le guichet avec force en se
vouant à la mort.

Le geolier, étourdi, rentre, le
presse ; Valstein est inébranlable ;
enfin il s'écrie avec imprécation : —

» Dieu ! je pourrais me venger de ce
» scélérat, les armes à la main ! j'ac-
» cepte ». Je l'entendis alors s'avancer
à grands pas vers le guichet, lorsque
le sergent, qui conduisait les grena-
diers.de Guilai destinés à l'exécution;
parut sur l'esplanade du fort. « Il n'est
» plus tems, me dit le geolier, il est
» mort! les voilà.

Désespéré de ces cruels délais, je
me retirai dans la demi obscurité que
laissait encore le crépuscule. Je vis
l'escorte entrer, s'emparer du prisonnier, et le conduire sur les glacis du
fort pour être exécuté. Mon malheur
voulut, qu'en passant, les regards du
comte de Valstein tombassent sur moi.
Quel air de dédain sublime se peignit
alors dans ses traits! En vain mon
cœur lui criait: «—Que n'as-tu accepté
» et soulagé par là le remords affreux
» qui m'accable ! » Son air glacial et
méprisant me répétait ces mots terri-

» bles : —Vil assassin de ma femme !
» tu l'es encore de son époux , en
» l'ayant forcé à te refuser ».

Non , il n'est pas de poignard plus
terrible que le dernier regard de
l'homme de bien qui va mourir en
vous méprisant. Il semble qu'on voudrait le retenir encore , et lui crier :
« Arrête ! laisse - moi me justifier ou
» expier mon crime ». Mais il s'éloigne,
il meurt, et le juste emporte son mépris dans l'éternité. Avec quelle confusion et quelle douleur plus vives
encore n'entendis - je pas Valstein ,
après la lecture de son jugement,
s'écrier avec force : « Je meurs cou-
» pable envers la discipline militaire;
» mais quel châtiment mérite alors
» l'infâme qui a causé un instant de
» désertion , en me perçant le cœur
» et séduisant mon épouse ! Hélas !
» il sera prôné, avancé, récompensé
» peut-être à la cour ; et moi ! je

» meurs après trente ans de service
» et couvert de blessures, pour avoir
» voulu concilier· tous les genres
» d'honneur. Juges iniques ! assurez
» donc par vos lois, l'honneur de nos
» familles, si vous voulez qu'on s'im-
» mole à celui de la patrie. Je recom-
» mande mon fils et ma veangeance
» à notre sage et pieux souverain ».

A ces mots il s'agenouilla ; les armes
furent apprêtées, on faisait feu, lorsque des cris perçans se firent entendre
sur l'esplanade : c'était une estafette
de Vienne que le major Reuch recevait à l'instant, et qui apportait la
nouvelle de la commutation de peine
de Valstein, en une détention de
vingt ans au fort de Kufstein. Le
condamné reçut cette nouvelle avec
une froideur héroïque que put seule
réchauffer la pensée de la conservation
de ses biens à son fils unique. On le
ramena au fort, où il fut détenu avec

une espèce de liberté et la faculté de se promener sur les remparts. Cette grâce inattendue rendit un peu de calme à mon âme. Le ciel n'avait pas permis que je fusse l'organe du salut de Valstein ; je n'en étais pas digne ; mais il allégeait le poids des malheurs de ma victime : c'était alléger mes remords. Je retournai donc à Bettmann plus tranquille.

Quinze jours après, je reçus par le geolier ce billet singulier. — « Vous » m'avez ravi mon épouse et l'hon- » neur. La vie qu'on me laisse n'est, » grâce à vous, qu'un fardeau de plus » pour moi. De tels outrages ne peu- » vent se réparer, s'oublier que par » la mort de l'un ou de l'autre adver- » saire. J'ai cherché vainement à vous » procurer les moyens de pénétrer » dans le fort pour vuider notre dif- » férent ; mais j'ai remarqué du côté » du Voralberg, une pointe de ro-

» chers, à cent pas du bastion Sainte-
» Anne. Je me rendrai à l'angle sail-
» lant du bastion, demain à la pointe
» du jour. Je me suis procuré une
» carabine tyrolienne : faites - en de
» même : tir à mort ! Le sort, ou plu-
» tôt le juste ciel prononcera entre
» nous. »

Je sentis à quel point la fureur et
la vengeance exaspéraient et aveu-
glaient l'infortuné Valstein. Néanmoins je ne pus renoncer à le satisfaire. Je me rendis à la pointe du jour
au rocher indiqué.

De là et à travers le crépuscule,
j'aperçus le comte de Valstein, seul,
sur l'angle du bastion Sainte-Anne :
je le saluai, je mis la main sur mon
cœur pour lui témoigner tous mes regrets, et j'attendis avec fermeté son
feu de carabine. Il ne tarda pas. La
balle fit voler sous mes pieds un quartier de la pointe du rocher où j'étais

debout. Valstein se plaça les bras
croisés, attendant que je ripostasse ;
mais je ne répondis qu'en renversant
la crosse de ma carabine. Il fit alors
un geste de fureur en ouvrant son
sein ; puis en rechargeant la sienne.
Je déchargeai alors mon coup en l'air.
Le bruit réitéré des armes fit accourir sur le rempart, la garde qui, apercevant un homme armé sur les ro-
chers extérieurs, engagea une vive
fusillade, dont j'eussse été victime,
d'après la manière dont les balles sif-
flaient à mes oreilles, si je ne me
fusse hâté de descendre, de m'élancer
à cheval, et de gagner en toute hâte
le château de Bettmann, où je laissai
ignorer à mon oncle le philosophe,
toutes les tristes aventures suites de
ma funeste légèreté.

Croyant avoir satisfait, pour le
moment, et autant que la position de
Valstein et la mienne le permettaient,

aux lois de l'honneur vulgaire, je sentis bien, hélas! qne l'honneur véritable, le cri de la conscience n'étaient pas satisfaits. J'avais tous les torts. Les voies expiatoires n'avaient pas réussi, et eussent-elles eu leur plein effet, n'étais-je pas toujours la cause première des malheurs de Valstein et de la mort de son épouse. Ces tristes réflexions, jointes au souvenir de l'état affreux de la pauvre Louise, me jetèrent dans une hypocondrie qui dura plusieurs mois. Elle me détermina à quitter le Tyrol, ou l'on me voyait avec une espèce d'aversion, et me décida enfin à proposer à mon oncle un parti mixte d'éloignement, d'après sa répugnance à me laisser servir dans les armées.

Le baron de Sturmer, internonce de la cour de Vienne à Constantinople, devait partir incessamment pour la Turquie. Il connaissait ma fa-

mille. Je desirais m'éloigner du théâ-
teau de mes souvenirs déchirans. Je
sollicitai donc la faveur d'être employé dans les relations diplomati-
ques. Mon grade, autant que mon
genre de talens, me donnaient quelques facilités pour réussir dans ce vœu.
Je desirais enfin porter au loin mes
chagrins, mes regrets, et couper
court aux observations malignes. Le
baron de Sturmer obtint par son crédit de me voir attaché à l'ambassade,
et mes préparatifs furent bientôt faits.
Je m'éloignai avec lui du séjour des
plaisirs légers, des erreurs aimables,
des beautés séduisantes, pour arriver
dans la métropole des graves otto-
mans; triste asile des plaisirs cachés
et des périls affreux qui les achètent,
souvent sans les obtenir. C'est là que
la galanterie est soumise à de cruelles
épreuves, et que cette manie funeste
faillit à recevoir en moi les plus ter-
ribles châtimens.

Nous arrivâmes à Péra, le 5 mai 179..., et nous nous établîmes au palais de l'ambassadeur d'*Autriche*. Quoique n'ayant aucun emploi direct dans l'ambassade, l'amitié dont m'honorait le général Sturmer me permit de loger au palais, pour être plus à portée des recherches que je me proposais de faire dans les monumens ou les curiosités de l'ancienne Grèce, et pour communiquer avec les savans et les voyageurs que les mêmes motifs d'instruction amenaient en ces contrées. Je me livrais, avec ardeur d'abord, à ces recherches; mais, le dirai-je, ce travail sur les arts ne servit qu'à développer à un plus haut degré ma passion pour le beau sexe. Le sol de la Grèce, les prodiges innombrables qui y rappèlent les jouissances et la patrie des Aspasie, des Antenor, des Alcibiade, ne servirent qu'à enflammer mon imagination amoureuse, et bientôt les pierres, les marbres, les chefs-d'œuvre de l'art, de la nature et d'un climat délicieux, ne furent pour moi que des objets de comparaison dans mon esprit, et des prétextes séduisans pour approcher des modèles vivans qui frappaient mes regards. Je me rappelai en vain les périls auxquels pouvait m'exposer cet entraînement invincible : tout cédait au transport, à l'enthousiasme, et ce transport galant, érigé en habitude, devient un jour le mobile universel de toutes nos actions. D'ailleurs, à Constantinople, l'absence de ces sociétés spirituelles, où l'on puise le goût et les charmes de la pure galanterie ; enfin la fougue des plaisirs, si difficiles à y satisfaire sans être moins pressans, laissent l'âme plus accessible aux emportemens de la volupté.

Après plusieurs mois, consacrés

pourtant à l'étude des beaux-arts, j'é-
tais dans les dispositions dangereuses
qu'ils excitent, et me promenais, au
soleil couchant, sur les rives du Bos-
phore, près de ces maisons délicieuses
où les grands personnages de l'empire Ottoman retiennent leurs houris
terrestres ; asile charmant où ils
viennent se délasser des fatigues, des
génuflexions , et oublier le cordon
fatal, sans cesse menaçant leur tête.
Assis sur un gazon, près de deux
palmiers, je dessinais ce sîte ravissant,
lorsque je sentis mes yeux éblouis
par une clarté voltigeante qui, errant
sans cesse de ma figure à mon papier,
me fatiguait d'abord péniblement.
J'attribuai, au premier instant, à la
réflexion du soleil dans les eaux du
canal, ce point lumineux renvoyé à
mes yeux à chaque instant ; mais j'é-
tais assez bon physicien pour remarquer que l'image du soleil, réfléchie

par une surface aussi vaste, aussi va-
riée que le canal, ne reviendrait pas
ainsi toujours à mon œil; qu'il fallait nécessairement que la surface qui me ren.
voyait le soleil fût déterminée par quelque volonté, de manière à produire
ce résultat constant. Je m'appliquai
à chercher la source de cette volonté.
Je me rappelai alors que les enfans
s'amusent en Europe à aveugler ainsi
les passans par la réflexion d'un miroir.
Je soupçonnai que l'enfant de Cythère
pourrait bien être ici le coupable. Je
ne me trompai pas. Après bien des
recherches, j'aperçois un corps de
feu à une croisée d'un des pavillons
des harems nombreux qui bordent
le canal. Je ne doutai point que ce
ne fût un miroir, dès que je vis cette
surface éblouissante, varier dans ses
phases, quoique me ramenant sans
cesse le foyer lumineux aux yeux,
puis au cœur. Nourri d'idées orien-

tales , je n'eus pas de peine à reconnaître l'attaque de quelque odalisque ,
et, loin de songer au danger auquel
je m'exposais , je me livrai tout entier
à l'espérance et au délire de mon
imagination.

Cependant le jeu du miroir con-
tinuait ; le petit point lumineux descendit de ma figure à mon cœur, du
cœur aux pieds , des pieds il se mit
à tracer avec art , et en voltigeant
moins , le chemin que j'avais à suivre.
Ce feu follet semblait fixer mes pas
et avancer lentement vers des sico-
mores épais qui couvraient les murs
du jardin du harem. Un soleil ar-
dent éloignait , pour le moment ,
tout les curieux ; et le milieu du jour,
comme on sait , est à Constantinople
l'heure des amours , puisque c'est
l'heure qui écarte les importuns. J'approchai donc , en lisant avec affecta-
tion , de la muraille du harem et me

promenai à quelques distances d'un
pas égal et assez vif, pour faire croire
à tout curieux que je retournais à la
ville. Je suivis le point lumineux ,
l'étoile du plaisir , tant qu'elle parut
à mes pieds. Elle me quitta enfin in-
terceptée par une haute muraille noire
et couverte d'un lière rougeâtre , dont
la couleur sanglante peignait horriblement la menace et la séparation
épouvantable qui existe ici entre l'a-
mour et la jalousie. Là , j'entendis
un frémissement dans le lierre. Je regardai et vis descendre , entre ce feuillage et le mur , une petite corde, à
l'extrémité de laquelle étaient suspen-
dus une pierre et un billet. Je me hâtai de les détacher et , sans m'arrêter ,
je me rendis à mon logement où je
trouvai ce qui suit ; écrit , dicté et
peint en très-bon français.

« Elevée par une vieille odalisque
» européenne, j'ai l'étourderie d'un

« française et l'âme passionnée d'une
» mahométane. J'ai jeté les yeux sur
» toi, et t'ai choisi pour connaître un
» jour de bonheur et mourir après si
» le sort veut que je le paye à ce prix».
—Voilà de la passion ! me dis-je, si l'on
proposait à nos charmantes coquettes
d'Europe un tel dénouement à chaque
rendez-vous galant , je doute que
beaucoup d'entr'elles se décidassent à
l'accepter. Quoi qu'il en soit , cette
prévoyance sur la possibilité d'un dénouement aussi tragique ne laissait
pas de me plonger dans une certaine
hésitation , lorsque la lecture d'une
ligne plus bas vint me décider pour
le parti le plus ordinaire, celui du
plaisir. Je lus : — « Je t'attends, de-
» main , à la chute du jour, chez le
» grec Codrilka, marchand de bijoux,
» à Pera : présence, amour ! absence,
» mépris !»
Le rendez-vous était positif : recu-

ler devant une proposition si décidée, et qui annonçait un emportement vo-luptueux, eut été à mes yeux une lâcheté. Je passai néanmoins vingt-quatre heures dans une agitation qu'on se persuadera facilement, quand on se rappellera que la punition des cou-pables en ce genre est terrible ; car celle du coupable masculin est de re-cevoir un coup de lance aussi épou-vantable qu'il est lent, et cela dans un point que les lâches seuls mon-trent à leurs ennemis ; et le châti-ment des femmes consiste à être liées dans un sac de cuir et jetées vivantes dans le canal. Malgré ces craintes, la fureur du plaisir, la curiosité, la nou-veauté de cette intrigue l'emportè-rent.

Je me rendis à la chute du jour, le lendemain chez Codrilka, le bijoutier. J'y fis quelques emplètes de médiocre importance ; mais je remarquai que

pendant mon marché , Codrilka me
considérait à travers ses sourcils épais,
triturait son énorme moustache grise
avec ses doigts ; me toisait de la tête
aux pieds avec un sourire significatif,
et regardait sans cesse dans la rue. Je
ne doutai point qu'il n'attendit ma
belle inconnue. L'air mistérieux du
marchand , la prière à voix basse qu'il
me fit de passer dans une salle voisine,
au moment où deux femmes turques,
richement vêtues et voilées , s'arrê-
taient près de sa boutique , ne me lais-
sèrent plus douter que l'heure du rendez-vous n'eût sonné , et que ce ne
fussent des femmes de haut rang.

Je passai donc rempli d'espérance
et d'une certaine émotion , dans la
salle indiqnée , d'où je pus entrevoir , quoique très peu distinctement,
deux femmes turques couvertes de
leurs vastes mantes et d'un voile
qui ne laissait apercevoir que leurs

yeux admirables. Ces femmes traver-
sèrent rapidement le magasin de Codrilka et se rendirent dans une espèce
d'arrière-boutique sur le canal. Elles
n'y eurent pas resté deux minutes,
que Codrilka lui-même vint ouvrir la
porte de la salle où j'attendais. Il me
prit mystérieusement par la main,
mit un doigt sur sa bouche, le verou à
sa porte, et me conduisit à l'arrière-
boutique, qu'il referma soigneuse-
ment, et à petit pas, en revenant à
son magasin.

Qu'on juge de mon émotion de me
voir tout-à-coup, tête à tête, avec
un fantôme blanc inconnu entièrement ; d'apercevoir deux grands
yeux noirs, brillans pour moi de tendresse et d'amour ; de voir un autre
fantôme blanc se détourner comme
pour m'engager, par son éloignement
complaisant, à hasarder ma déclaration amoureuse. Un étourdi ne la fait

pas attendre, et avec ma galanterie ordinaire, je m'approche de ma belle inconnue ; je mets un genou en terre, une main sur mon cœur, et la supplie de confirmer de sa bouche ravissante un aveu que je lui montrai tracé de sa belle main. Pour toute réponse, elle soupire, et semble m'indiquer tous les dangers que je cours en bravant ainsi les usages des orientaux. Un geste d'étourderie fut ma seule replique. Je m'élance pour soulever ce voile importun et prononcer sur la bouche de ma houris, le serment de l'aimer toujours, ou du moins aussi long-tems qu'on le peut en Turquie... O surprise ! le voile tombe ; que vois-je ? ô ciel ! la figure la plus terrible, la moustache la plus épaisse de l'empire Ottoman, et cette bouche supposée de rose, travestie eu un gouffre de mort qui me crie : — « Arrête chien » de franc ! sotte dupe de ton orgueil !

» la belle odalisque qui t'a aveuglé
» hier, est celle que tu vois devant
» toi; c'est le fils d'Aleb Effendi, chef
» de la police. Apprends qu'un de tes
» compatriotes a ravi à mon père sa
» plus chère épouse. J'ai juré de pu-
» nir tous les francs qui oseraient, ici,
» braver nos mœurs et se livrer à
» leur piraterie amoureuse : tu t'es
» livré toi-même. Tu vas être puni. »

Sans être un lâche, on aime assez
à vivre, à vingt-cinq ans, surtout
quand il n'y a nulle gloire à périr ainsi
obscurément. Je supplie le farouche
Aleb d'épargner la vie d'un imprudent qui, aveuglé par les usages eu-
ropéens, ne connaît pas les dangers
de braver ceux des fidèles Croyans :
en un mot, je le conjure de sauver mes
jours. — « Chien de franc, reprit-il,
« si la justice ne l'emportait ici sur
» la vengeance, tu mourrais ; mais
» n'ayant que conçu l'idée du crime,

» sans pouvoir l'exéuter, et ta cou-
» pable complice n'existant point,
» tu ne seras puni qu'au second chef :
» du reste, une captivité plus dure
» que la mort sera ton supplice. »

A ces mots, il frappe dans ses mains. Trois esclaves noirs paraissent et sortent de derrière des caisses de marchandises. On me hisse et me descend parune croisée, dans une chaloupe du canal, et plus rapidement que le vent, on me transporte dans l'île de Bujukdéré, où est placée la ménagerie du Grand-Seigneur. L'on m'annonce que je suis destiné à être employé comme esclave au service de cette ménagerie, et l'on me remet entre les mains du concierge-chef, vieux maure plus cruel que les tigres et les panthères qu'il est chargé de nourrir.

Je n'eus pas resté six heures chez Rustock le maure, que je tombai en défaillance, par suite de mon chagrin et par faute d'alimens , n'ayant rien pris depuis la veille. Alors on me fit donner, pour toute nourriture , un morceau de la pâte noire de blé de sarazin qu'on distribue aux chiens de garde, et pour boisson un verre d'eau. L'instant d'après , je vis jeter dans le canal, le corps d'un arménien tout sanglant et couvert de plaies. Je me retirai avec horreur. Alors il me fut dit, en mauvais italien , que cet arménien était mon prédécesseur chargé de donner la nourriture à une lionne épouvantablement cruelle , qu'avait offert le Dey d'Ager à sa Hautesse ; lionne célèbre , même en Afrique , où elle avait coûté la vie à vingt chasseurs renommés, et on ajouta qu'elle avait étranglé presque tous ses gardiens jusqu'à ce jour.

Un tel récit me glaça d'horreur. Je frémis du sort affreux qui m'était réservé ; et j'attendis avec une sombre terreur, l'instant où Rustock le maure me conduirait à mes nouvelles et effroyables fonctions. Quelle perspective pour un officier européen, pour un merveilleux éloigné de toute société , nourri comme les plus vils des animaux , destiné à servir de pâture lui-même peut-être au plus terrible des hôtes des forêts , après avoir vécu sur des roses au milieu des délices de nos capitales ! mais le courage et l'énergie ne m'abandonnent jamais , et mon âme, quoique voluptueuse , sait, par un espèce de dépit orgueilleux, se roidir contre l'adversité.

J'avais à peine sommeillé quelques heures sur une natte, près des caveaux où Rustock déposait les chairs infectes destinées aux animaux en cages , que le coup vigoureux d'un bambou me tira de ma rêverie. Hélas ! par un jeu terrible du sort , j'étais en songe

dans les bras des houris , et je trouvais, à mon reveil, le châtiment d'un
crime dont j'étais si complettement
innocent.— « Holà , chien de franc !
» me dit Rustock , viens voir ta fille ;
» la mal-élevée a mangée son père
» nourricier hier , à ton tour aujour-
» d'hui !

Lors il me donna un panier, où
étaient entassés des quartiers de chair
de cheval, et m'ordonna de le suivre.
Nous traversâmes plusieurs cours où
se trouvaient les emplacemens ou
loges des divers animaux rares de
cette vaste ménagerie, et nous arrivâmes dans la dernière cour où était
la fameuse lionne *Abigaïl*. Dès qu'elle
m'aperçut, elle fit un saut de fureur
dans sa loge ; son rugissement épouvantable retentit sous ces voûtes
sombres , et ses deux yeux flam-
boyans semblèrent déjà deux torches
ardentes placées près du cercueil de

de sa future victime. — Tiens, chien
» de Franc, Abigaïl est de bonne
» humeur aujourd'hui. T'es ben heu-
» reux : elle ne mord pas ses barreaux.
» Ta vue l'a radoucie ; mais ne t'y fie
» pas.

J'approchai avec lui, quoique saisi
d'effroi, et je remarquai que la terrible Abigaïl avait, près d'elle, deux
petits lionceaux âgés d'un mois au
plus, et d'une beauté extraordinaire.
— Allons, donne-leur à dîner, cria
» Rustock, et voyons comment tu t'y
» prendras.

J'avais lu mon Buffon. Je savais
que le lion, le plus terrible et le plus
fier des animaux, est susceptible de
générosité, lorsque surtout sa faim est
assouvie; mais que la lionne est impla-
cable lorsqu'elle a des petits, et la
férocité de celle-ci se joignait à l'ins-
tinct. Je me hasardai à jeter à Abigaïl une pièce de cheval ; mais avant

même qu'elle eût passé entièrement à travers les barreaux, la cruelle bête s'était élancée pour me déchirer le bras. J'eus l'adresse de le retirer à tems, et d'en être quitte pour la peur. Abigaïl se mit à dévorer le jambon de coursier, et pendant qu'elle semblait enseigner à ses lionceaux à dépecer et sucer la chair de ses victimes, j'essayai de découper dans mon panier des morceaux plus petits et assortis à l'âge et à la force de mes nouveaux élèves. Je les passai lestement de leur côté. Les jeunes *Rois* des animaux qui s'évertuaient en vain sur le premier repas que j'avais passé, se jetèrent, avec un petit grondement de joie, su r le nouveau régal que je leur offrais; et la mère, qui les vit satisfaits, sembla me lancer un regard moins horrible. L'espèce de confiance que j e montrais, en rapprochant d'eux les morceaux, à mesure que l'avidité de mes petits hôtes les éloignait, parut l'étonner. Elle s'assit gravement et, tout en léchant ses lèvres sanglantes, elle ne troubla point leur appétit et mes services effrayans. — » Par la » barbe d'Ali ! s'écria Rustock, tu as » fait un prodige. Tu as donc un sor- » tilége ? Abigaïl ne rugit plus, et te » laisse servir ses enfans ; mais tout » cela n'est que la moindre chose. Il » faut, à présent, nétoyer sa cage et » celle des lionceaux. C'est ici le pé- » rilleux, mon ami, et là qu'ont péri » tous tes prédécesseurs : ainsi, crois- » moi, tourne-toi vers la Mecque, et » fais ta prière, en attendant le péle- » rinage éternel. — Mais comment, » lui dis-je, puisque la lionne doit » passer dans cette loge attenante et » qu'on en referme la porte grillée, » le gardien peut-il être atteint, en » nétoyant la première loge ? — Tu » ne vois pas, chien de réprouvé !

» qu'il manque un barreau de fer à la
» porte de communication des deux
» loges, et que nul ouvrier n' ôsé pé-
» nétrer là pour le raccomoder ? Il
» faut donc que le gardien entre dans
» la première, malgré cette brèche à
» la porte, et si un caprice ou un geste
» d'Abigaïl portent sa griffe par l'ou-
» verture, adieu le chien d'infidèle !
» — Hélas! il est trop vrai, » répondis-je, en observant le tout; et qu'il
n'y avait pas plus de quatre pieds depuis la porte, où il manquait un barreau, jusqu'au parois du passage de la
première loge.—Allons, à l'ouvrage,
» cria Rustock, et fais ta prière avant
» je te le conseille.

A ces mots, il appelle Abigaïl dans
la seconde loge, en y introduisant un
quartier de gazelle. La terrible lionne
s'y élança ; et, pour la rendre plus
furieuse encore, Rustock retira mé-
chamment l'appât, et referma la

grille de communication où je remarquai, en effet, la large brèche annoncée par laquelle l'animal terrible pouvait passer aisément une patte, et la moitié d'une épaule au besoin.

— « Allons! entre dans la première » loge, me cria Rustock, et, crois » moi, salue le Dieu des Croyans. »

Je me décidai à mon sort, je pensai à tant d'infortunées estimables, à Louise, à madame de Valstein, que j'avais vu s'éteindre à la fleur de l'âge. Je me voyais ici, seul, oublié et ne causant aucuns regrets sur la terre, puisque mon célibat galant ne laissait derrière lui que la haine ou du moins l'indifférence. Ces reflexions doublèrent mon mépris de la vie. J'ouvris la porte de la première loge, et m'y introduisis, par degrés, pour remplir mon périlleux ministère. Abigaïl se promenait dans la seconde loge avec un rugissement sourd, allant et reve-

nant sans cesse ; regardant de côté
dans la première loge. Ses petits lionceaux la suivaient et copiaient tous
ses mouvemens. Le nétoyage avançait. J'avais soin de me tenir collé au
paroi opposé à la grille de communication des loges, et où manquait le
barreau de fer; mais quelque effort
que je fisse, cette grille se trouvant
vers le défilé, il fallait en passer
à trois pieds et demi de distance : et
c'est le moment fatal où la lionne
avait saisi et déchiré mes prédécesseurs. — « Par ici, par ici, me criait
» Rustock. C''est ici qu'il faut nétoyer
» la loge que l'arménien a laissé hier
» en cet état. »

Je me résignais donc à ce passage
périlleux ; lorsque, par un grand
bonheur, avant que j'eusse assez avancé, Abigaïl furieuse et impatiente,
lance sa griffe par l'ouverture du
barreau cassé, saisit mon balai de

bambou, le broie et me rejette par cette même secousse, en-deçà du détroit funeste. Je tombai avec violence à l'autre extrémité de la loge ébranlée par le rugissement épouvantable de la bête irritée. Qu'on juge alors de mon horrible situation. Être couché contre la terre, sans pouvoir reculer ni avancer, voir une griffe ouverte et gigantesque, qui effleurait mon visage; voir des yeux étincelans et une langue sanglante à deux pouces de moi, et par-dessus tout, être assourdi par un rugissement affreux qui faisait résonner et ébranlait les planches et toute la charpente de l'édifice : penser enfin que je ne pouvais plus repasser le fatal détroit devant la grille, sans être saisi et déchiré en mille pièces; voilà la perspective effroyable qui s'offrait à mes yeux. Rustock lui-même, malgré sa cruauté, ne put s'empêcher de pâlir.

J'allais périr, et l'instant fatal était celui où je me résoudrais repasser devant la grille, lorsqu'un événement inattendu me rendit quelqu'espérance. Abigaïl, voyant un de ses lionceaux l'imiter et s'engager en grondant dans les barreaux, retira sa patte pour le dégager. Au même instant l'autre lionceau passa par l'ouverture que laissait le barreau cassé, et s'y embarrassant, se piqua le col aux aspérités du demi-barreau cassé. Il y restait fixé en poussant des cris aigus. Plus le petit lionceau se retirait en arrière en hurlant, plus le barreau cassé en pointe, s'enfonçait dans son dos. Alors ce fut un rugissement général et épouvantable, des sauts de fureur, et des coups de queue de la lionne, au point de croire tout brisé, et les loges en pièces. Je me hâtai de profiter de cet instant propice pour franchirledétroit ; j'y parvins tout en frémissant; mais, ce danger passé, je songeai à me faire un mérite de la circonstance près de la terrible Abigaïl. Je me glissai de côté le long de la cloison, et, parvenant près de la grille, je soulevai le demi-barreau pointu qui blessait cruellement le lionceau. Je dégageai hardiment le petit animal aux yeux de sa mère; et la cessation subite de ses cris produisit sur la féroce Abigaïl, un arrêt de surprise et de satisfaction qui me frappa. Elle me laissa repousser en dedans le lionceau engagé, se recula même avec une espèce de grondement et de souffle semblable à un soupir, et deux larmes grosses comme des pois coulèrent de ses yenx moins féroces, sur ses naseaux et sur sa progéniture.

Ce progrès m'encouragea. Je ressortis paisiblement de la première loge, et reçus les complimens de Rustock sur mon adresse et mon bonheur. Le soir je donnai le souper à Abigaïl et aux lionceaux; tout se passa encore mieux. Un râlement sourd, et comme par un reste d'habitude, fut le seul accompagnement de mes tristes fonctions.

Mais, le lendemain, un événement bizarre acheva de me concilier entièrement les bonnes graces d'Abigaïl. Le consul d'Angleterre, sir Stéphins, eut la curiosité de visiter la ménagerie de Budjukdéré : il se fit annoncer; et Rustock, qui espérait une bonne aubaine, une ample gratification, ne manqua pas de se mettre en mesure de satisfaire le voyageur. Le consul était connu par ses libéralités et son opulence extrême ; il en avait laissé partout des marques, et les guinées lui avaient ouvert plus d'une porte étroitement gardée. Il parut dans son canot élégant, le lendemain même, et s'avança lestement au milieu de notre colonie féroce. Il traversa les premières cours d'un air d'autorité, tel que le farouche Rustock , d'ailleurs médusé par une bourse , n'eut pas le courage ou la hardiesse de le prier de faire retirer son bulldogg anglais. Le consul assura que *Frenck* dogg était docile ; pour le prouver, il le fit marcher accollé à sa botte , et en effet l'animal parvint, sans que je l'eusse aperçu , jusque dans la dernière cour où était ma lionne. Rustock , servilement adulateur de qui le payait, ne prévit pas le danger et les suites de son imprudence. En vain je m'avisais de lui en faire faire la remarque , quand il arriva, et sans que j'eusse eu le tems de savoir à qui appartenait le dogue ; l'animal hargneux s'élança sur un des lionceaux qui s'était aventuré à demi hors de la loge ; il allait l'étrangler, lorsque, par un mouvement rapide,

irréfléchi , et avant d'avoir vu le
consul son maître , entendant enfin
le fracas horrible de cette lutte , et
effrayé de la fureur de la lionne ,
pour y mettre fin , je plongeai mon
coutelas dans le corps du dogue. Aussitôt colère épouvantable du consul ;
mais défense admirable d'Abigaïl ,
qui s'élançait vers lui , quoique con-
tenue dans sa loge , de manière à
prouver qu'elle m'accordait toute sa
protection. Cette scène faillit m'être
fatale. Le consul prit à cœur la mort
de son bulldog , au point d'ordonner
à Rustock de me faire fustiger et
d'annoncer qu'il en aurait vengeance
par Aleb Effendi , chef de la police.

Rustock qui était au fond jaloux de
mon succès à la ménagerie , et de voir
Abigaïl presque apprivoisée par moi ,
jaloux encore plus , le dirai-je , de
s'apercevoir que sa moitié commençait à regarder un peu trop, le jeune

Franc, par sa persienne démentéléc, ne fut pas fâché de cet incident pour se défaire de moi.

Aussi, le lendemain, quand les gens de police envoyés par suite du crédit de sir Stephens, vinrent pour s'emparer de ma personne, avec quelle célérité et quel empressement il leur ouvrit la porte; mais aussi quelle scène terrible les attendait ! Me voyant perdu sans ressource, je m'emparai d'un soliveau, je le dressai à la hâte contre le mur ; puis attachant une corde à la porte de la loge d'Abigaïl, je tirai cette corde avec force en m'élançant au même instant sur le mur par le soliveau qui y était adossé. Je le retirai ensuite à moi, puis le jettai à la mer. Quel spectacle s'en suit aussitôt ! Les Turcs se précipitent dans la cour pour me saisir et m'étrangler ; mais à peine ont-ils le tems de me voir sur le mur, et de me menacer

avec le cordon et le coutelas fatal,
que la lionne s'élance à l'improviste
sur eux et les met tous en pièces
ainsi que le féroce Rustock. Un instant suffit pour cette terrible bouche-
rie, et je restai seul, debout sur mon
mur, dans cet asîle sanglant, après
cette scène effroyable.

Echappé à ce désastre, je me glissai
sur le rivage de l'île de Bujukdéré, où
j'errais depuis 24 heures sans nourriture, lorsqu'un canot, que j'aperçus
enfin, attira mon attention. Plusieurs
matelots grecs le conduisaient et faisaient mystérieusement des signes
avec leurs banderoles ; mais tout était
mort et en silence dans cet asîle re-
doutable, et bientôt les hurlemens des
animaux affamés ne durent pas tenter
ces gens d'y pénétrer. Enfin plusieurs
matelots descendirent à terre. Parmi
eux je remarquai un jeune Grec d'une
figure charmante , et que je crus re-

connaître comme par souvenir. Enhardi par cette découverte, je m'approchai, et quelle fut ma joie de voir ce jeune Grec accourir dans mes bras et detrouver en lui la charmante Julie D... de S***, qui m'avait causé tant de chagrins, et dont l'amitié généreuse venait m'arracher à mon horrible captivité. Elle m'apprit, en retournant, la nuit, avec précaution à Péra, qu'elle avait, par une suite d'événemens trop longs à décrire, suivi son époux à Malaga ; que celui-ci y avait été nommé consul à Scutari ; et que liée par une tendre amitié à la comtesse de... ambassadrice d'Espagne en Turquie, celle-ci l'avait conjuré de la suivre à Constantinople, où elle avait appris mon aventure par le marchand Codrilka, et s'était empressée de me soustraire à ses funestes suites.

Qu'il m'était doux de devoir à un ancien amour devenu amitié, un

salut que j'étais loin d'espérer. « Oui,
» me disais-je, si les femmes sont
» cause de nos peines, elles le sont
» aussi de nos plaisirs, et souvent de
» notre salut dans le péril ».

J'arrivai et fus reçu comme un res-
suscité à la légation d'Autriche, où
l'on me croyait perdu. Le général
baron de Sturmer, quoique ferme et
avisé, ne jugea pas à propos de m'exposer à des poursuites et à des récla-
mations d'Aleb-Effendi.

Il me fit partir de suite pour France,
et ce n'est pas sans regrets que je me
séparai de l'aimable et inconstante
J. D** qui m'avait arraché à ce dernier péril. Nous nous promîmes de
nous donner fréquemment de nos nouvelles et de correspondre en quelque
lieu que nous puissions nous trouver.
L'on verra que cette recommandation
ne fut pas inutile ; car cette amitié
me fut encore précieuse par la suite,

et prouva qu'elle est le seul sentiment durable qui survive aux illusions de la jeunesse.

L'ambassadeur me donna en appa-
rencé quelques dépêches pour le mi-
nistre des relations extérieures à
Paris. Je recueillis de mon côté les
objets d'arts que j'avais pu réunir à
Péra avant ma catastrophe ; et, avec
une petite cargaison, ma tête ardente,
mes passions toujours trop vives, je
montai une felouque qui, dans treize
jours, me rendit à Marseille.

Je retrouvai à Paris des amis empressés de me servir. J'y trouvai aussi
les fonds que j'avais laissés, un peu
diminués par l'opulence de certains
banquiers qui avaient fait faillite et
bénéfice de 60 à 70 pour cent qu'ils
nous faisaient perdre, tout en continuant leur même train de luxe scandaleux. Mais il me restait une assez
belle fortune en Allemagne, car mon

oncle de Bettmann, le grand illuminé, sectateur du kantisme, était décédé en Tyrol, tout en soutenant qu'on ne meurt point, mais qu'on change seulement de formes. Tout en professant le mépris et l'horreur des richesses, il nous laissait 200,000 florins à partager ; mais hélas ! malgré sa moralité profonde, et ses déclamations contre les célibataires libertins, il laissait trois petits bâtards à Salsbourg, qui devaient affaiblir notre héritage. Néanmoins le partage fut encore assez beau pour me donner une grande aisance, que je voulus employer à voyager. Je me décidai à commencer par la Grande-Bretagne.

J'étais curieux depuis long-tems de voir l'Angleterre, et je partis pour sa capitale le 15 juillet 1798. J'arrivai à Londres avec des recommandations pour Lord Veimouth, et pour plusieurs personnages distingués. Peu à peu je me vis introduit dans la société de la noblesse. C'est là que j'eus occasion de faire de nouvelles épreuves sur les graves inconvéniens de la vie galante; mais sous des rapports différens, et suite des mœurs de la singulière nation dans le sein de laquelle je me trouvais.

Je me livrai d'abord à des observations générales sur le commerce et les vues grandioses de l'Angleterre, qui, trop resserrée en Europe, paraît s'enfler comme un immense aérostat par les fumées de l'orgueil et des calculs outrés; aérostat qui plane sur les deux hémisphères et ne sait enfin dans lequel il finira par tomber. Une extention aussi gigantesque est hors de nature, hors de proportion avec tout corps politique. La mère patrie, ira placer sa capitale aux Grandes Indes, ou ces mêmes Indes s'affranchiront un jour, d'une

domination aussi éloignée. C'est la loi
universelle des colonies.

Je m'échauffais, un jour, en des
discussions de ce genre avec lord Veimouth, et nous ne faisions nulle attention, d'après les usages peu galans
d'Angleterre, à d'aimables ladies et
à d'autres femmes réunies dans un
coin du salon, lorsque l'une d'elles
que j'observais à peine, tant j'étais
animé dans mon opinion, dit tout
bas, en anglais, à une de ses amies,
en conservant pourtant toujours ses
yeux baissés, et son air d'une extrême décence ; — *comme il est bien
fait !* Je l'avoue, ce contraste d'une
figure réservée, d'un maintien sévère, avec une expression si inattendue, avec une réflexion purement
galante, m'étonna au dernier point.
Je m'étais fait des Anglaises une idée
si chaste, je les croyais tellement
sauvages, prudes et vertueuses au be-

soin , que cette analyse de ma personne , avant de connaître mon moral,
et cela de la part d'une femme réputée
austère , bouleversa entièrement mes
idées.

J'en causais le lendemain avec un
Français, le chevalier D**. , nouvelle-
ment établi à Londres. — « Que cette
» réflexion de Lady V**. ne vous
» étonne point , dit-il , mon cher
» comte ; ne confondez pas l'exté-
» rieur , la réserve apparente avec la
» modestie réelle et la vertu : depuis
» que j'habite Londres , j'ai eu de fré-
» quentes occasions de me détromper
» à ce sujet. »

Ces idées rectifièrent peu à peu les
miennes. Je ne portais pas , au fond
de mon âme la même opinion sur
myladi V*. , j'y vis seulement un di-
minutif; j'eus grand soin de le cacher.

Des événemens trop longs à détail-
ler, me rapprochèrent souvent de lady

V**. Son propos flateur à l'oreille de lady M**., me donnait le droit peut-être de hasarder les témoignages de ma galanterie ordinaire ; mais je me bornais à des prévenances et à des soins inséparables de l'existence mondaine d'un ancien officier français. Cependant, ces soins innocens, ces assiduités, et surtout le propos inconsidéré de lady V**., qui avait été entendu par des indiscrets, firent répandre le bruit d'une préférence marquée en ma faveur de la part de Milady. Je ne le sus point d'abord ; mais je l'appris cruellement dans la suite, en payant pour un autre, les frais d'une réputation galante ; mais n'anticipons point sur les évènemens.

Je rencontrai souvent chez lady V**. le français dont j'ai parlé, le ch. de ***. Lord V**. l'accueillait avec une confiance et une cordialité parfaites. Ses manières, d'ailleurs,

étaient faites pour inspirer cette confiance. Un ton simple , franc, des
égards pour milady , sans trop de galanterie , tout devait rassurer lord
V**. Il commençait cependant à
concevoir quelques soupçons sur une
intimité de sa femme avec son prétendu ami, lorsque je fus choisi par
la perfide lady pour détourner ces
soupçons. Son propos entendu , quoique hasardé étourdiment suivant moi,
n'était vraisemblablement que le prélude d'un jeu médité pour jeter sur
moi les suppositions d'une préférence
en ma faveur , et détourner l'esprit
de mylord du vrai choix qu'elle avait
fait. Tout, dans la suite, le confirmera.
Mais un incident inattendu vint pour
l'instant faire diversion à cette circonstance.

Je vis chez la duchesse de Devon-
shire, Miss K**, jeune Ecossaise, arrivée à Londres avec son père , qui de-

vait, dit-on, suivre les commissaires
anglais, ou du moins surveiller leurs
opérations sur le continent, par pur
zèle, par animosité nationale et sans
mission spéciale, autre que sa haine
pour la France. Je causai plusieurs
fois avec cet original. Mais bientôt
un objet plus essentiel fixa seul mon
attention. La beauté, l'ingénuité ravissante de miss K**, sa douleur
si touchante de se séparer d'un père
qu'elle adorait, ce mélange de toutes
les grâces, de toutes les vertus, dans
la naïve Ecossaise, me charmèrent au
point que je demeurai comme absorbé
d'admiration. Je connus un sentiment
nouveau. C'était l'amour vrai, sans
doute : car j'éprouvais cette fois du respect, un tremblement, une timidité
qui m'étaient étrangers. Il fallut ac-
compagner Miss. K**. à son piano. J'y
réussis fort mal, ma main tremblait,
elle s'en aperçut et n'en chanta pas

avec plus d'assurance, à ce que je pus remarquer. On me demanda des bolléros espagnols, que j'estropiai également, mais sans trop m'apercevoir qu'on pouvait se moquer de moi. Je ne voyais que miss K** qui me regardant avec étonnement, ne savait pas encore qu'elle fût la cause de ma petite disgrace. Elle s'en douta pourtant à mon trouble, et je crus entrevoir que ce que je perdais près d'elle en opinion pour le chant, je le gagnais en estime et en progrès de cœur. On juge si cet échange dut me consoler.

J'eus occasion de voir souvent miss K.... soit dans la société de lady V**, soit chez une de ses amies. Les demoiselles jouissent à Londres d'une assez grande liberté. Je n'examinerai point jusqu'à quel point elles pourraient en abuser, il suffit pour l'instant de remarquer qu'il en résulta pour moi une suite d'entrevues, qui, bien qu'innocentes, ne contribuèrent pas moins à former une inclination hâtive, et à me donner les moyens de plaire à miss K.... Qu'on ne m'accuse point ici de séduction. J'étais séduit moi-même. Oui, mes vues étaient pures, et l'espoir de la main de miss K.... aurait comblé tous mes vœux. Une beauté ravissante, une âme angélique, une fortune immense, en fallait-il plus pour fixer l'homme le plus volage?

Dans une promenade du matin au château de Mont-Clare, j'obtins enfin l'aveu tant désiré, mais modifié d'une manière si étrange, que je n'oublierai jamais cette conversation.

— « Vous me recherchez, » me dit miss K.... d'un ton de voix angélique, les yeux baissés et avec un mélange de timidité et d'énergie singulière. « Permettez, avant tout, que

» je vous explique mon âme. Vous
» m'avez plu, monsieur, je ne le cache
» point. Votre extérieur, vos talens,
» votre ton décent, m'ont disposé
» très-favorablement pour vous; mais
» souvenez-vous bien que si j'apprends
» que vous ayez donné lieu à la plus
» simple action blâmable, au plus
» léger scandale, dans le monde,
» vous n'êtes plus rien pour moi. Il
» me serait impossible d'aimer l'être
» que je n'estimerais point. »

Ces paroles prononcées avec une sensibilité et une fermeté inouies, dans une bouche de rose, de seize ans au plus, me firent frissonner. Je vis soudain, j'entendis gronder le tonnerre des médisans, et l'orage épouvantable qu'avait dû amonceler sur ma tête la suite d'aventures multipliées dont j'avais été par hasard le héros ou la victime. Quoiqu'inno-cent au fond, je prévis toute l'éten-

due des calamités auxquelles une réputation trop érotique m'exposait.
J'aimais, je le répète, de la meilleure
foi du monde, et je frémis. L'embarras que j'éprouvai, vis-à-vis d'une
ame aussi pure, de mentir ou d'expliquer que toutes mes aventures
étaient, pour la plupart, dues à des
circonstances involontaires, et non
à une préméditation blâmable, me
fit garder le silence. Silence heureux! car l'angélique miss K...., ne
l'attribuant qu'à la douleur de me
voir ainsi soupçonné, se hâta d'ajouter : « A Dieu ne plaise que je vous
» croie dans ce cas funeste. L'émotion
» profonde où vous paraissez plongé,
» m'est un garant de votre sincérité.
» Vous pouvez donc me demander à
» mon père. Vous êtes sans fortune,
» du moins comparativement à moi,
» je le sais; mais ce n'est point un
» obstacle à ses yeux. Soyez estima-

» ble, soyez sans tache, il suffit. »

Oh! combien je sentis alors l'horrible distinction des mots, et la vraie définition d'un cœur pur. Oui, j'étais estimable, sans tache, assurément sous le rapport de la probité masculine, de l'honneur militaire, des conventions sociales ; mais l'étais-je, sous le rapport de la fidélité, de la touchante bonne foi, et de la constance amoureuse, premières vertus chéries des femmes, parce qu'elles seules assurent leur félicité, et que toutes les grandeurs et les succès du monde ne valent pas, à leurs yeux, une des qualités obscures de l'amant mystérieux et délicat.

Je tombai aux genoux de miss K....; je la remerciai avec transport de son honorable préférence ; mais je n'eus pas le courage d'aborder la question si dangereuse de l'inconstance, même indirectement, et je me bornai à espérer qu'on croirait enfin à une vertu que je fondais sur une conversion prochaine.

Je vis souvent miss K....; toujours accompagnée de miss Palmer, son amie intime; beauté sévère, esprit calme, qui m'observait avec une attention particulière. Saus me nuire, sans me flatter, elle paraissait neutre, et comme le pilote, observant les écueils, assise au port où son indifférence l'avait placée.

Rien ne prouvait mieux, au reste, ma conversion et ma sincérité, que ma réserve et ma conduite dans les tête-à-tête que m'accordait miss K.... Elle y portait elle-même une telle innocence, un abandon si pur, si enchanteur, que l'être le plus déréglé en eût été converti. Que répondre, en effet, à des réflexions aussi touchantes que celles qu'elle me fit un jour sur notre mariage, qu'elle ne ré-

voquait pas en doute. — « M'aimerez-
» vous tendrement ? » me dit-elle un
jour que ses yeux me parurent encore humides et couverts d'un nuage
de douleur. « Oh j'en ai bien besoin !
» j'ai été cruellement maltraitée ce
» matin par mon père à votre sujet.
— Ciel ! comment et pourquoi ? m'é-
criai-je ! — « Hélas ! vous avez servi
» en France, il vous croyait léger,
» inconstant, peu délicat peut-être ;
» mais j'ai surmonté enfin ses pré-
» ventions. Je lui ai peint, avec tant
» de vérité, votre âme sincère, votre
» embarras, votre silence plus tou-
» chant que toutes les promesses, qu'il
» a cédé à mes prières. Il consent à
» nous unir. » — « Ciel ! quel bon-
» heur ! quelle faveur céleste ! » —
» Oui, il y consent, pourvu que les
» derniers renseignemens qu'il attend
» de Paris et de Vienne vous soient
» favorables.

Cette restriction me jeta dans un frisson horrible. Je vis de nouveau toute la série d'événemens et d'inimitiés se dérouler à mes yeux, et miss ne put rejeter que sur la modestie, le nouveau silence où je retombai, en ne pouvant proférer que ce peu de mots : « *J'ose espérer.* » — « Oh oui ! » se hâta d'ajouter la naïve Écossaise, « votre cœur est oppressé » du soupçon seul ! O mon père ! que » n'en êtes-vous témoin. Ah ! j'ai tant » de confiance en notre avenir, l'é- » tat où je vous ai vu chaque jour, » en entendant pareil soupçon sortir » de ma bouche, m'a touchée au point » que j'ai formé le projet de vous dé- » dommager par une faveur, à-la-fois » garant de ma confiance et de ma » promesse. »

Elle tira alors une bague faite de ses cheveux blonds, et avec un sourire pur comme celui des anges, avec un enfantillage divin, elle la passa à mon doigt, en disant : — » Nous » sommes unis ! demain ! ici ! à pa- » reille heure vous en saurez davan- » tage. »

Je partis dans l'ivresse. Je voyais un hymen brillant, honorable, ter- miner toutes mes anxiétés, et réta- blir l'échec que mille événemens noir- cis par l'envie, avaient pu causer à ma réputation. Le rendez-vous pro- mis, demandé même pour le lende- main, n'était plus qu'un dernier parti pour prendre jour, et je me promis bien dans ce tête-à-tête dan- gereux, surtout au moment d'un hy- men assuré, d'être plus réservé, s'il était possible, et de ne point écouter ces transports si fatals qui m'avaient attiré tant de regrets et d'ennemis.

Je volai au bosquet de Mont-Clare. Je n'y attendis pas long-temps miss K.... ; elle parut plus belle, plus ra-

vissante que jamais, mais plus timide.
Dès qu'elle m'aperçut, elle sembla
chanceler, la main sur son cœur, et
s'appuya sur un églantier du bosquet.
Son poids si léger fit courber une
branche d'églantines rosées, parfaite
image de son visage céleste qui se
penchait aussi vers la terre, couvert
d'une pudeur angélique. Elle s'avança
pourtant : je relevai la branche d'é-
glantines ; j'en arrachai les épines,
et remis à l'adorable Écossaise, ce
doux lien qui semblait pour nous
n'avoir plus que des fleurs. Nous le
tenions ainsi ce doux lien, sans parler, sans mouvement. Des soupirs
seuls troublaient notre silence. Nous
étions au comble du bonheur, lorsqu'un léger bruit se fit entendre dans
le feuillage.

Au détour d'un sentier bordé de
pins, miss Palmer parut, et appela
d'un signe son amie, Miss K...., avec

grâce, me demanda la permission de dire un seul mot à miss Palmer, et, sans attendre ma réponse, ou pour revenir plutôt à son ami, elle s'élance auprès de la jeune miss. Elle y resta assez long-tems pour que l'inquiétude me déterminât à m'approcher du sentier d'arbustes. Je n'y eus pas fait trois pas, que miss K..., soutenue par miss Palmer, pâle, échevelée, défaillante, s'avance avec peine, rassemble ses forces, et me dit : — « Adieu! monsieur! je ne puis plus » vous estimer. J'aime mieux mourir » de regrets que de honte et de dé- » sespoir. Retirez-vous.

Elle s'appuie à ces mots sur l'épaule de son amie qui, d'un air dédaigneux, me jette, à l'insçu de miss K....., un billet que je me hâte d'ouvrir, quoique glacé de surprise et de douleur.

Je lis ce billet adressé au père de miss K....., j'y vois la signature de lord Ansley, alors à Paris. Je franchis, d'un coup-d'œil le corps d'une lettre volumineuse, et j'arrive à ces derniers mots : — « Gardez-vous de » donner votre fille au comte de G***, » ancien officier au régiment de Darm- » stadt. D'après tous les renseigne- » mens pris à Paris et à Vienne, il » n'est pas de plus honnête homme » en affaires, mais il n'en est pas de » plus inconstant et de plus libertin » en amour. »

— Voilà le coup de foudre que je redoutais ! m'écriai-je désespéré. Je voulus courir sur les pas de miss K.... malgré sa cruelle amie; mais les forces me manquèrent. Je desirais lui expliquer franchement la source de tous ces bruits, mais croirait-elle l'explication? Cette justification ne serait-elle pas funeste même, en convenant d'une foule de liaisons? Et, pour une âme aussi pure que celle de miss., la fréquence d'intrigues amoureuses n'était-elle pas une preuve du peu de sincérité ou de regrets dans chacune ! Ces réflexions accablantes me firent rester long-temps à la même place, absorbé dans la plus profonde douleur.

Quelques jours après, une lettre de lord K.... père de l'adorable miss, m'interdit sa maison et toute visite. Quoique le sens de sa demande fut juste, le ton de dureté qu'il y prenait me choqua, et malgré mon respect pour le père de miss Emma, (c'était le nom de l'Ecossaise), je crus devoir lui répondre et lui expliquer, tout en me résignant péniblement à mon sort, que la galanterie française qu'on me reprochait, était, malgré ses torts, ses ridicules peut-être, encore plus décente que la galanterie anglaise.

— « Je dois me soumettre, respec-

» ter le père d'Emma , répondais-je;
» mais qu'il me permette de le dé-
» tromper sur la conclusion trop
» cruelle qu'il tire de la galanterie
» française dont il m'accuse. »

« La multitude d'aventures, dites-
» vous, flétrit nécessairement le cœur,
» détruit toutes les douces illusions ,
» les vertus, le bonheur paisible du
» mariage, pour les autres et pour soi-
» même. La dépravation, la satiété en
» sont les suites inévitables; et quand
» l'âme et le corps blasés se décident
» à se fixer à un seul être, cet être
» malheureux ne trouve plus qu'un
» esprit sans illusion , un cœur sans
» tendresse, un corps sans énergie.
» Enfin la jalousie, la méfiance et une
» réputation flétrie , voilà l'espoir
» d'un tel hymen. » — « Ah! milord!
» n'est-ce pas un peu trop noircir le
» tableau? Et si la pauvre jeunesse est
» réduite partout, avant le mariage,

» à vivre d'emprunts et d'erreurs,
» n'est-il pas préférable qu'elle par-
» tage ces douces erreurs avec des
» femmes délicates, sensibles, propres
» à exalter son cœur, sa tête, pour
» l'honneur, la gloire et les succès
» dans le monde, plutôt que de se
» livrer, comme la jeunesse anglaise,
» à des beautés vénales faites pour
» dégrader l'âme. Et combien n'ai-je
» pas connu de vos nobles lords qui
» ôsaient critiquer nos mœurs, du
» haut du char honteux où ils prome-
» naient fièrement des Laïs, rebut de
» ceux qu'ils osaient dénigrer.

» Indulgence ! milord : chaque pays
» a ses usages, ses torts ; et puisqu'il
» faut aimer les femmes avant de se
» fixer à une seule, choisissons-les du
» moins estimables et non dans le re-
» but de la société- »

Qui le croirait? Cette lettre fondée
en raison irrita lord K...,. au dernier

point. J'ignorais que de tout temps il eut gravement mérité le titre d'amateur de beautés faciles, et que la fameuse Ad**, en France, lui avait coûté des sommes immenses. La comparaison parut faite à ses dépens. Il me répondit ces deux mots : — « *So-* » *phisme* et *impertinence !* il vaut » mieux se ruiner que de détruire la » morale et le bonheur d'autrui. »

Je sentis la force du raisonnement des Anglais. En effet, leur galanterie ne fait tort qu'à eux. On est le maître de sa santé, de ses biens, on ne l'est pas de la félicité d'autrui. L'équité était pour ce système. Mais je me croyais, au fond de l'âme, si parfaitement converti, que mes idées et mes sentimens se portaient sans cesse vers l'adorable Emma, malgré la défense de son père.

J'appris, en implorant enfin la pitié de miss Palmer, que son amie passait à Montclare ses jours dans les larmes et les regrets ; son exclamation chérie, dans ses promenades solitaires, était sans cesse : — « *Quel* » *dommage !* » puis, elle retombait dans sa profonde rêverie. Ce tableau d'un souvenir et d'une mélancolie bien propres à m'enflammer, me fit hazarder une grande imprudence ; mais cette exaltation romanesque qui ne me quitte jamais, surtout lorsque je puis croire à ma conversion, m'ôta toute réflexion. Je me déterminai à voler à Montclare, à tenter un dernier effort près de l'adorable miss ; et bien sûr de la pureté de mes intentions, à l'engager peut-être à suivre cet usage si commun en Angleterre, de forcer l'aveu de ses parens, en se confiant à son futur époux sur les terres d'Ecosse.

Je partis dans le plus grand secret pour Montclare. Je savais que lord

K....y élevait des chevaux de race, et qu'il attendait dans peu deux coursiers arabes avec des couducteurs d'Alep. Je déterrai à Londres le chef des conducteurs, et à force d'argent je le déterminai à prendre à sa suite *Tom* mon valet, qui, brunissant son teint, et se costumant en arabe, parut entièrement un des leurs. Mon but était d'avoir un argus et un aide dans le parc, pour les courses où j'espérais rejoindre enfin miss K....

Ce premier projet réussit. Les chevaux arabes arrivèrent. Le chef des conducteurs fit sa remise, laissa un des siens au château, et *Tom*, en second, qui, censé ignorer la langue anglaise, et noir comme un Ethiopien, se bornait, dans le parc, à soigner ses élèves, et à guéter l'instant de mon arrivée.

Emma, dans son innocence et sa mélancolie, dirigeait souvent sa promenade vers le haras des Arabes. Ces coursiers bondissans, cette verdure si belle en Angleterre, le spectacle de la nature dans tout son éclat, rien ne pouvait la tirer de sa rêverie profonde.

Tom m'instruisit des promenades solitaires de Miss, et de la bonté avec laquelle elle le traitait, quoiqu'il eut soin de ne pas lui répondre autrement que par signes. Je pensai qu'il était temps de paraître.

Je franchis les murs du parc solitaire à neuf heures du soir, en automne. Un crépuscule voilé par de nombreux nuages, permettait alternativement de voir et de n'être pas vu. Je m'avançai rapidement par un petit bois d'acacias, jusqu'auprès du tertre, où Emma assise, les mains appuyées sous son menton, regardait rentrer dans leur hute en chaume, les coursiers fatigués de leurs courses vagabondes et d'une liberté inutile.

A dix pas d'Emma, placé derrière un gros chêne, le cœur me battit avec violence, j'hésitais à paraître. Elle se retourna, et crut rêver en m'apercevant dans une demi-obscurité. — « Oui ! le voilà ! dit-elle ; tou- » jours à la même heure ton image ! » mais jamais la réalité : oh non ! j'en » mourrais. »

Ce mot terrible me fit tomber à genoux sans approcher. — « A genoux ! » dit-elle : ah oui, c'est son habitude » près tant de femmes ! c'est ainsi que » je le vois dans mes songes.

— « Emma ! Emma ! lui criai-je, » en volant à ses pieds, vous seule ! » pour la vie ! »

Elle tomba sans connaissance. Hors de moi, je lui donnais des soins em- pressés. Tom, allarmé, m'apporta de l'eau du ruisseau voisin. Peu à peu elle se ranima, et apercevant un tiers, elle se calma, en lui ordonnant de rester. Je fis signe à Tom de se tenir à quelques pas ; il obéit.

— » Quel est votre but ? me dit Emma pâle, tremblante. « Cherchez- » vous une victime ? Ah! je souffre as- » sez. Vous n'attendrez pas long- » temps ; mais du moins elle mourra » estimée, chérie et non trompée, » méprisée, abandonnée par un in- » grat. »

— « Abandonnée! Emma! Ecou- » tez. Ecoutez. Je suis sincère. Em- » porté par l'âge et la fougue des pas- » sions, j'ai pu connaître plusieurs » beautés légères. Trompé ou dé- » trompé tour-à-tour sur leurs quali- » tés brillantes, l'inconstance, vice » trop commun aujourd'hui, a pu » m'égarer; mais croyez qu'une femme » aussi parfaite qu'Emma, met un » terme à toutes ces erreurs, et peut

» ramener seule à la fidélité, à la
» vertu, à l'estime.

— » A l'estime ! s'écria-t-elle. Hé-
» las ! la retrouve-t-on une fois per-
» due ? Grand dieu ! c'est comme la
» paix du cœur pour moi ! plus ! ja-
» mais ! » et des torrens de pleurs
inondèrent ses cheveux qui retom-
baient sur ses mains divines.

— Emma ! Emma ! c'est trop peu
» de sentir, de sentir à l'excès ! Oui,
» pour un être aussi parfait, aussi juste-
» ment prévenu que vous, il faut
» prouver, prouver ! Eh bien, jugez
» par ma proposition, de ma sincérité,
» de ma conversion, de mon adora-
» tion exclusive : daignez suivre l'ef-
» fet de votre première promesse —
» Quoi ! lui ! l'inconstant ! mon époux !
— » Daignez m'entendre. Eh bien !
» qu'une épreuve, une épreuve nou-
» velle et terrible, confonde les pré-

» ventions, l'envie et vous-même que
» j'adore.

» N'est-il pas sur la terre, même
» dans les possessions anglaises les
» plus éloignées, un désert ignoré,
» obscur, où ce sexe qui fait votre
» effroi, n'existe point encore ? Por-
tons-y nos pas, chère Emma ! laisse-
» moi t'y conduire, ange céleste ! là
» seuls, ignorés, tu verras si je puis
» avoir une autre pensée que celle de
» te servir, un autre soin que de
» pourvoir à tes besoins, un seul re-
» gret pour un sexe que j'abhorre à
» présent. Là tu jugeras que ta pré-
» sence seule est pour moi le bon-
» heur, le besoin unique, la vie!
» C'est là qu'après deux ans d'absence,
» d'épreuve et de conviction que le
» monde n'existe plus pour moi, tu
» pourras, ramenée par ton amant
» aux pieds de ton père, lui dire :
» Je reviens pure comme à mon dé-

» part; il revient lui, constant et fi-
» dèle; il est digne à présent d'être
» mon époux. Pas un regret de sa
» part pour ce monde pervers; il sera
» à Londres ce qu'il fut dans le dé-
» sert.

A mesure que je parlais, le front
d'Emma semblait s'éclaircir : cette
tête angélique et calme prit tout-à-
coup une expression d'exaltation inconcevable. Elle me regarda fixement
puis, s'écria d'une voix étouffée : —
» Qu'as-tu dit? qu'as-tu dit? Es-tu
» sincère? » — « Ah! que j'expire à
» vos yeux si mon cœur.... » — J'ac-
» cepte! s'écria-t-elle, avec un accent
pénétrant « j'accepte, et si tu me
» trompais, ou te trompais toi-même,
» je saurais mourir dans le désert
» comme ici.

Cette proposition sincère et que je
n'avais point médité, était bien faite
pour ébranler en effet une tête ro-

manesque. L'abandon d'une fortune immense, une solitude affreuse, exposée à tous les besoins, à toutes les privations, une telle offre, dis-je, dût toucher Emma; et le ton de sincérité qui régnait en moi acheva de me donner sa confiance : surtout quand mes pleurs, bien vrais alors, baignèrent les mains de l'adorable miss. — « Mais, mon père! s'écriat-elle bientôt, « ah! c'est lui donner » le coup mortel. — Une lettre lais» sée à notre départ, lui dis-je alors, » annoncera à milord votre projet » d'épreuve. Il y lira mon serment so» lennel de respecter votre inno» cence, de vivre à vos côtés comme » un frère dans le désert, et de vous » ramener, après le terme fixé, pour » jurer à ses pieds, et observer une » fidélité assurée par cette épreuve » aussi forte que nouvelle.

— » Mais si mon père parvient à

» connaître notre retraite, reprit-elle,
» pensez-vous qu'il n'y volera pas,
» fut-ce au bout du monde.

—» Voilà le seul mystère que je vous
» supplie de me permettre; vous ne
» la connaîtrez vous-même, cette re-
» traite, qu'au port du départ. Je
» craindrais que votre tendresse fi-
» liale ne s'oubliât. — Ah! j'adore
» mon père, et deux ans, deux ans
» entiers d'absence! — Il dépendra
» de vous de les abréger, si vous m'en
» croyez digne, adorable miss, et ce
» n'est pas votre ami qui se plain-
» drait ou abuserait de cette marque
» de confiance.

—» Je consens à tout, puisque je ne
» puis vivre sans éclaircir mon sort;
» mais c'est à la condition que nous
» enmènerons Béty, qui m'a élevée,
» et dont je ne me séparerai jamais.

— » Tout ce qui pourra vous plaire
» et vous rassurer sera ma loi su-

» prême ; mais je vous supplie que
» Bety ignore nos projets jusqu'au
» moment de l'embarquement. »

Je passe sous silence une foule d'observations et de conventions exigées et consenties par la délicatesse. Emma parut ravie de mon projet. La dureté de son père, son absence momentanée semblaient la raffermir contre les élans de sa tendresse filiale, et l'amour triompha entièrement. Je partis avec le serment d'Emma de me suivre, et la promesse qu'elle allait s'occuper uniquement de ses préparatifs secrets pour notre départ.

Rentré chez moi, au village de Vexford, je scrutai le fond de mon âme, et j'y lus la plus profonde sincérité. Il ne s'agissait plus que de déterminer le choix de l'exil ignoré, du désert où devait s'exécuter l'épreuve de ma constance. Je l'avoue, quand je vins à méditer sur ce choix, à égarer

mon imagination dans les savanes ma-
récageuses de Cayenne , ou dans les
déserts bleuâtres des bords de l'Oyo ,
ou de la Louisiane , à me voir privé
du charme des beaux-Arts, de la conversation et , le dirai-je , si loin du
tableau ravissant des houris terrestres
qui peuplent la société en Europe ,
je sentis mon âme chanceller ; mais
un souvenir sur Emma , sur sa beauté,
sa candeur, son charme inconcevable,
me rendit à mon premier dessein. Je
me déterminai pour les déserts de la
Louisiane, près de l'habitation d'un
parent , M. Formond , riche proprié-
taire à la nouvelle-Orléans , et qui ,
au besoin , pouvait devenir mon appui et mon dieu tutélaire.

Comme je m'occupais de ces pen-
sées et du plan de notre retraite , on
me remit un billet du capitaine Barmer, qui m'attendait à Londres pour
une affaire de haute importance, et

qui intéressait, disait-il, mon honneur.

Emma m'ayant demandé quinze
jours de solitude pour rêver à ses projets, voir ses amies et faire ses préparatifs, avant de m'accorder le dernier rendez-vous, celui du départ, je
me vis libre d'entreprendre ce petit
voyage à Londres. J'y volai et des-
cendis chez le capitaine Barmer, capitaine du vaisseau de 74, l'*Ajax*, de
l'escadre bleue, dans *Blinn street*.
C'était son adresse.

Je vis venir à moi un petit homme
verd, sec, d'une figure hideuse, à l'œil
louche; mais ayant cependant un regard pénétrant, ferme, et une attitude qui annonçait un grand caractère. Il s'avança d'un pas précipité, et
me dit brusquement : — « Vous avoir
» des projets sur miss K.... ? Elle vous
» aimer, dit-on, c'est dire que je vous
» haïr fortement beaucoup; car j'as-

» pirais à sa main. Il faut que le sort
» et le fer décident à qui le miss ap-
» partiendra. » — « On ne peut pas
» s'expliquer plus clairement, capi-
» taine. Je suis prêt à vous faire satis-
» faction. Que désirez-vous? L'épée,
» le pistolet? » — « Mieux que cela
» *goddem!* Moi vouloir tuer le figure
» à vous qui avoir tourné le tête de
» miss K.... — Expliquez-vous! capi-
» taine. — Eh! oui! si vous tuer moi
» au pistolete, moi pas épouser le
» miss, assurément; d'autre part, si
» moi casser à vous seulement bras
» ou jambes, vous épouser encore le
» miss, car le visage reste; et cettes
» maudites femmes regarder beau-
» coup trop à lé figure des hommes.
» Donc c'est là que moi en veux par-
» ticulièrement. Donc, nous jouer au
» dez lequel deviendra hideux; et
» lequel de nous se faire crever un
» œil, avec l'épée, au lieu de nous

» saigner inutilement pour vous épou-
» ser après le miss. »

Une telle proposition m'eût fait rire,
si le sérieux de mon adversaire ne
m'eût laissé voir qu'il fallait traiter
ce point gravement. — Au diable la
» proposition, m'écriai-je. Je défends
» ma vie, et ne la joue pas au passe-
» dix. — Prenez-garde, comte. Être
» une lâcheté aux yeux des gens
» d'honneur. » — Ce mot électrique
pour un guerrier me fit accepter sur-
le-champ, malgré les répliques con-
vaincantes que l'on peut faire à un
tel sophisme. — « Soit, capitaine,
» m'écriai-je, au plus fort dez la vic-
» toire! au plus faible l'œil crevé!
» plus de miss!

Barmer alors tire gravement son
cornet de passe-dix, qui ne le quittait jamais. Il y enferme ses dez, et
me présente ce cornet. Je jette hardiment l'oracle d'ivoire ; le capitaine

se précipite sur le tapis, examine avec son œil louche , et fait un saut de joie en voyant le point très-bas qui m'était échu. Il joue à son tour; même point : partie égale. Je recommence, et j'amène *douze*. Le capitaine joue, il n'a que *dix*. Soudain, se jetant sur son épée, avec un *goddem* furieux, il allait s'enfoncer loyalement la pointe du fer dans la prunelle, quand lui retenant le bras avec prestesse : —

» Arrêtez, criai-je, capitaine. Restez.
» Vous êtes assez laid comme cela. —
» *Goddem!* vous plaisanter, qui! moi,
» devoir à vous un service? Non. Ja-
» mais!» Et il s'élançait toujours pour sacrifier son œil; mais je remarquai que c'était son œil louche et taché ; tant il est vrai qu'un Anglais calcule toujours à son avantage, même alors qu'il semble faire partie égale.

— « Arrêtez, capitaine ! je vous en
» supplie. Raisonnons un moment.

» Vous serez toujours libre de vous
» défigurer après, s'il est possible.
» D'abord, j'aime à croire que si le
» mauvais dez m'était échu, vous n'au-
» riez pas souffert?.... — Si fait! si
» fait! *goddem !* ainsi.... Ainsi.... —
» Et moi je veux penser que vous au-
» riez aussi retenu mon bras. D'ail-
» leurs, les sacrifices n'étaient pas
» égaux; car même en perdant un
» œil, votre but à mon égard n'était
» pas rempli.... En effet, avec un œil
» de verre ou des besicles, on peut
» faire encore illusion dans le monde,
» et aveugler les belles, cela se voit
» tous les jours. Mais vous, capitaine?
» à la veille d'être contre - amiral,
» ayant déjà la vue faible, altérée par
» une cause honorable sans doute, si
» vous perdez l'autre œil, votre car-
» rière est finie. Allons, allons, con-
» venez-en, la partie n'était pas égale.
» Jouer votre avenir, votre pavillon

» d'amiral contre mon œil de verre
» tout au plus, c'était folie ou trop de
» générosité de votre part. — Non !
» non ! *goddem !* comte ! mon œil
» être à vous, absolument ; mais je
» pense : Eh oui ! faisons un arrange-
» ment : Oui, moi nommé amiral
» sans doute dans le premier cam-
» paigne : Eh bien ! aussitôt nommé
» et lé émolumens fixés, moi porter
» à vous mon œil fidèlement, fus-
» siez-vous à Calcutta, au bout du
» monde, ou bien moi vous le en-
» voyer par lé compagnie d'assurance,
» par estafette, ou le premier navire
» de la compagnie des Indes. »

Cette offre de l'original faillit me
donner un fou-rire ; mais le voyant
bien décidé, et que mon hésitation
lé faisait menacer encore son pauvre
œil qui pleurait d'avance sa disgrace.
» — J'accepte ! criai-je au capitaine :
» j'accepte ; mais je retiens que vous

» ne ferez l'envoi que lorsque je vous
» aurai accusé réception de l'avis de
» votre nomination d'amiral, car si
» j'étais mort à cette époque, vous
» n'êtes plus tenu d'envoyer votre
» œil à mes héritiers. »

Je me proposais bien, en gardant le silence en tout temps, vis-à-vis de cet original, de lui conserver la vue; il le sentit sans doute, car sans vouloir avoir l'air de céder, il me dit : — » Cette décidé, M. le Comte, vous » un brave et galant homme. Vous » épouser le miss K..... puisque le » sort lé ordonne; mais moi conseil- » ler à vous de crever d'avance le » œil pour elle; car le mari d'une » telle beauté transplantée dans le » monde, il avoir besoin de s'aveu- » gler fortement beaucoup sur lés » adorateurs de sa femme. »

Je passai au pauvre capitaine cette petite saillie de consolation : et nous

nous quittâmes assez bons amis, toutefois après avoir demandé et obtenu de Barmer le plus profond secret sur mes amours, vis-à-vis du père de miss K....

Les quinze jours prescrits par mon aimable Ecossaise s'étant écoulés, temps pendant lequel je m'étais tenu entièrement inconnu à Londres, et dérobé à tous les yeux, je retournai à Montclare, au jour fixé pour le départ mystérieux d'Emma. Je revins de Londres avec une somme assez considérable pour exécuter un tel projet, et après avoir arrêté secrètement notre passage, sur un navire de Bristol, destiné pour la Nouvelle-Orléans.

Je devais, d'après mes conventions avec mon amie, me rendre au petit bois d'accacias, d'où nous partirions avec Bety et mon fidèle Tom, déjà bien las de son métier d'Arabe.

I.   8

Comme je rôdais autour des palissades du parc, prêt à franchir l'en-
droit accoutumé, l'imagination em-
bellie de mille idées ravissantes, et
voyant déjà Emma dans mes bras, j'entends tout-à-coup une voix s'écrier :
— « C'est lui! c'est lui! Et à l'instant
je suis saisi par des constables qui,
rapidement, m'arrêtent et me forcent
à me rendre à Londres dans une voiture qu'ils avaient amenée.

Surpris, étourdi de cette arrestation subite, désespéré de voir mes
projets manqués totalement, je me
livrai à ma douleur. Je pensai qu'Emma troublée aurait trahi ou laissé pénétrer son secret; que ce projet de
rapt était sans doute la cause du mien,
et que l'amour désespéré devait renoncer enfin à toutes ces douces chimères. Je hazardai cependant de demander au chef des constables la
cause de mon enlèvement. Quelle fut

ma surprise d'apprendre une série d'événemens ou de malheurs nouveaux, suite de ma réputation galante, et qui ajoutèrent encore à l'horreur de ma position vis-à-vis de miss K... J'appris que lady Veimouth avait été surprise au château de Kingporr, presqu'en flagrant délit, avec un amant qui s'était échappé par une croisée, et de là, dans la forêt voisine; que tous les témoins avaient attesté que c'était un ancien officier français, qui, depuis quelque temps, rôdait en ces contrées la nuit; que, sans l'avoir précisément vu, tous l'avaient dépeint sous mes traits, et désigné comme un homme à bonnes fortunes trop connu par ses excès. Le constable ajouta qu'un propos échappé à lady Veimouth, dans une société à Londres, et entendu par son mari, propos qui annonçait que je plaisais fort à milady, avait fortement accrédité les preuves testimoniales ; qu'enfin, la cessation subite de mes visites fréquentes à milady, dans Londres, n'était qu'une ruse pour les continuer en secret à la campagne, et tromper ainsi le noble lord qui m'avait témoigné de l'humeur chez lui, dans la capitale ; qu'en un mot, milady, elle-même, forcée de paraître dans le procès scandaleux, entamé à ce sujet, avait, par son silence obstiné à mon égard, fortement accru les préventions accumulées contre moi et déterminé par là un jugement qui me condamnait définitivement à une amende de 10 mille livres sterlings pour dommages et intérêts envers lord Veymouth, ladite somme payable sous peine de captivité éternelle au château d'Edimbourg.

Je vis d'un trait l'horrible résultat de ma conduite trop légère. Je vis que les demi-preuves, les suppositions

même suffisaient à tant de gens pré-
venus et d'époux irrités, ou solidaires
en honneur conjugal : et cela au
point de vouloir à peine entendre la
défense de l'accusé, car mon avocat
à Londres avait envain paru et pris
avec chaleur mes intérêts. On avait
passé outre en mon absence. Je reconnus enfin l'adresse et le dépit cruel
de lady Veymouth, qui trouvait dans
ce jugement, à-la-fois le plaisir de se
venger de moi, d'un adorateur qui
l'avait abandonnée pour miss K..., et
celui de conserver le chevalier de
M***, son amant réel, parfaitement
à couvert, par le jugement qui me
déclarait coupable.

Combien la cruelle prude, et mon
ancien rival heureux durent rire de
ce jugement que j'avais totalement
ignoré, d'après ma vie clandestine et
errante depuis deux mois ! D'ailleurs quel parti prendre dans ce cas

inôui? Irais-je appeler de la procé-
dure, chercher à me sauver d'un
scandale affreux, par un scandale plus
grand encore ? Car pour prouver
l'*alibi*, il fallait avouer que j'étais
alors à Montclare, prêt en effet à exécuter pour miss K... un rapt, un crime
dont j'étais accusé faussement à Kingporr pour lady Veimouth : fallait-il,
en ébruitant une passion sincère pour
Emma, mettre contre moi les rieurs
qui n'y croiraient pas, et désespérer
une beauté naïve et pure qui ne sur-
vivrait pas à la perte de sa réputation, d'après l'exaltation profonde et
sombre que je lui connaissais?

Accablé par ces idées inconcilia-
bles, désespéré de l'état où cette nouvelle mettrait l'inconsolable Emma,
je me déterminai, au fond de l'âme,
à subir, pour l'instant, la captivité
dont j'étais menacé, ne pouvant ac-
quitter la somme énorme de 10,000

liv. sterlings à laquelle j'avais été à dessein condamné, lorsqu'avant d'entrer dans la forêt de Norborough, sur la lisière d'un bois, et au milieu de la nuit, nous fûmes arrêtés par des chasseurs nombreux. Plusieurs d'entr'eux s'élancèrent comme l'éclair, s'assurèrent des constables avant qu'ils eussent pu saisir leurs fusils, me mirent en liberté, et emportant les armes de mes satellites, les renfermèrent dans leur voiture, en leur souhaitant un bon voyage, et les forçant de se diriger sur Londres.

Je remerciai dans l'obscurité mes libérateurs, en marchant toujours au milieu de la forêt, et ne sachant trop, cependant, si c'était une faveur du ciel, ou si lord K...., instruit de mes projets, et trouvant ma peine trop douce, ne me réservait pas à un châtiment plus cruel que la captivité, lorsque le chef de mes libérateurs, s'approchant de moi, et me serrant la main fortement, me dit : « Comte ! » moi avoir eu l'œil sur vous, et vous » avoir délivré à propos. Si avoir eu » l'œil crevé ! impossible alors. »

Quel fut mon étonnement de reconnaître le capitaine Barmer, cet original d'esprit et de cœur avec qui j'avais eu affaire quelque temps avant ?
— » J'ai appris à Londres, me dit-il, » aussitôt après avoir quitté vous, le » procès injuste, abominable qui con- » damne le comte de G*** à payer » 10000 livres sterlings, pour séduc- » tion envers lady Veymouth, déjà » séduite trois fois. Moi, attester, au » besoin, que vous être alors à Mont- » clare, le jour même ; mais ne le » pouvoir, sans compromettre miss » K...., qui être toujours chère à moi, » quoique attachée à vous. Donc lé » avis de moi est que, puisque im- » possible de paraître en Angleterre,

» sans perdre vous, moi, et une fa-
» mille illustre, et que, au contraire
» ledit crime de séduction n'entraî-
» ner pas déshonneur, mais grand
» honneur plutôt dans lé France et
» lé Europe, vous partir de suite au
» port de Déal, où nous vous conduire
» à l'instant même. »

Je remerciai le bon capitaine de
ma délivrance et de son empressement à m'embarquer, mais je lui té-
moignai le désir de faire, avant tout,
l'impossible pour recouvrer Emma et
l'estime des honnêtes gens : — Pour
Emma, impossible ' dit-il. Lord K....
» savoir tout, être furieux, aux aguets,
» caipaible de poignarder vous, si
» retourner à Montclare. Quant à l'es-
» time des honnêtes gens, elle reve-
» nir d'elle-même, quand vous être
» marié un jour, payer vos dettes de
» mari, et partager leur sort si com-

» mun aujourd'hui. Ainsi venir, ve-
» nir à Déal, au plutôt. »

Accablé de tant de secousses, je me décidai et me laissai entraîner ; nous couchions à Deptford, lorsqu'un bruit assez vif se fit entendre au milieu de la nuit, dans l'auberge. C'était Tom qui arrivait sur mes pas, en toute hâte, chargé par la vieille Bety, de me remettre une lettre de miss K...., lettre dont elle ignorait le contenu.

Surpris, étourdi de ce message inattendu, après ce qui s'était passé, j'ouvre précipitament le billet, et j'y lis ces mots : — « Mon sort est » fixé : je ne puis être à un homme » diffamé et infidèle. Je ne serai » à personne. Demain je n'existerai » plus. Puisse cet exemple terrible » corriger votre cœur pervers et dé- » tromper celles qui seraient tentées » de m'imiter et de vous croire. »

Je l'ai dit, et je l'affirme encore,

j'aimais Emma de bonne foi, malgré
ses préventions et les conséquences
funestes de ma vie galante. Ce billet
me mit au désespoir. — « Courons,
» courons ! criai-je au capitaine,
» s'il en est tems encore. Emma veut
» attenter à ses jours. Lisez.

Barmer fut attéré de ce billet ; il
était loin de s'attendre à une pareille
violence de la part de la mélancolique
Emma. L'espoir de me voir embarquer, et de revenir peut-être à ses
anciennes prétentions, cédèrent en
lui à l'humanité. — « Voyons la date
» de ce billet, dit-il vivement.—Ciel!
» aujourd'hui même ! aujourd'hui se
» consomme le projet de l'infortunée!
» m'écriai-je ! courons. Je sens à quoi
» je m'expose ; la fureur d'un père,
» une arrestation nouvelle, une cap-
» tivité horrible, voilà ce qui m'at-
» tend ; mais si j'arrache à la mort,
si je r ends à la société, à sa famille

» éplorée , un ange de beauté et de
» vertus , n'aurai-je pas une douce
» consolation dans mes chaînes , et
» ne recouvrerai - je pas , aux yeux
» même d'Emma , son estime par tant
» de sacrifices faits sans espoir.

Very well ! very well ! s'écria le
capitaine , mais comment parvenir
jusqu'à elle. — « Pas de réflexions !
» pas de réflexions. Hélas ! pendant
» que nous délibérons, elle se meurt
» peut-être ? A cheval, et hors d'ha-
» leine ! voilà ma réponse.»

A ces mots, sans en entendre davantage , je me précipite sur mon
coursier. Barmer et deux de ses amis
nous suivent , et nous faisons d'une
traite , la route de Deptfort à Montclare, c'est-à-dire quinze milles , sans
prendre haleine. Les deux amis de
Barmer , moins bien montés que nous,
furent obligés de rester en route , et

nous arrivâmes avec Barmer, près des palissades du parc à onze heures du soir. Cette heure fatale sonnait à l'horloge du village, lorsque nous descendîmes couverts de sueur et dévorés d'inquiétude, de nos coursiers exténués.

Nous franchissons la palissade, avec Tom, qui connaissait bien les lieux, et nous avançons dans l'obscurité, près du château. Quel fut notre étonnement de voir dans l'aîle, à droite, une espèce d'illumination, les fenêtres ouvertes, puis dans une salle basse, une réunion de chasseurs, le verre à la main, et lord K**, en tête, qui célébrait la St.-Hubert! En dehors, sous les croisées, étaient étendues à terre, des centaines de faisans, de pièces de gibier de toute espèce, et, à l'aspect de ce tapis qui attestait l'adresse des chasseurs, c'étaient sans cesse de nouveaux toasts. Cette vue

nous rassura. J'engageai néanmoins
Tom à se glisser parmi les gens et les
batteurs de la chasse, sous les croisées, pour en savoir davantage, tandis que Barmer et moi nous nous tien-
drions dans les bosquets du parc.

Nous y étions à peine restés un quart
d'heure, que Tom nous rejoint, en
toute hâte, en nous disant avec terreur : — « Suivez-moi. Je frémis. J'ai
» entendu lord K**., boire à la santé
» de sa fille, laquelle est un peu indis-
» posée, disait-il. » Indisposée ! mal-
» heureux lord ! il ignore qu'il n'est
» plus tems sans doute. Elle n'est point
» là. Ah ! volez à son appartement ,
» qu'y verrons-nous ? grand Dieu ! »

Malgré le danger de cette entreprise, appercevant lord K**, occupé,
pressé d'autre côté par le désir extrême
de sauver sa fille, je ne consulte plus
que mon horrible effroi. — « Venez,
» dis-je à Barmer, la présence d'un

» tiers rend innocente une démarche,
» que l'excès du malheur , d'ailleurs
» autorise. Venez. »

Nous nous dirigeons avec précaution vers l'autre aîle du château , où
logeait Emma avec Bety , sa vieille
gouvernante. Guidé par Tom , je m'é-
lance , droit à la chambre de Bety,
quelque malheur qui dût m'en arriver. — « O ciel ! vous ici M. le comte :
» ô ciel ! vous osez?... s'écrie-t-elle..
» Savez-vous que si milord et ses chas-
» seurs vous apperçoivent, votre vie...
» — J'en ai fait le sacrifice , puisque
» Emma ne veut plus exister. Cou-
» rons, volons à son appartement.
» — Y pensez-vous ? répond Bety,
» quelle audace ! — Lisez ! lisez Bety !
» elle veut attenter à ses jours. Il
» n'est plus temps peut-être de la se-
» courir. Vous répondrez de sa vie
» par le moindre délai. Lisez. »

Elle parcourt le fatal billet, et poussant un cri de douleur, elle était prête à s'évanouir et à différer encore par là nos secours, lorsque, l'entraînant vers l'appartement d'Emma , nous entendîmes tout-à-coup un bruit sourd, comme celui d'un corps pesant qui tombait sur le parquet dans un cabinet voisin. — « C'est ici , m'écriai-je » avec une inspiration horrible, ici, » qu'est mon malheur ; ouvrez, Bety, » ouvrez .— C'est le cabinet de Miss ! » Jamais ! — Ouvrez, malheureuse ! » Ah ! mes pressentimens....

Bety ouvre , en tremblant. Quel tableau vient nous frapper ! à la clarté d'une bougie défaillante , et plus encore de deux réchauds de charbon de bois dont la flâmme bleue et vacillante projetait un jour funèbre sur cette horrible scène , nous appercevons Miss K**, tombée assise , le dos contre la boiserie , dans un état d'asphixie complette. Sa tête, blanche comme le lys, s'appuyait sur sa poitrine, ses cheveux blonds inondaient par flots ses épaules. Elle semblait dormir, et c'était hélas! du sommeil éternel. Le portrait de son père était placé vis-à-vis d'elle sur une chaise; elle semblait lui avoir adressé sa dernière prière, et était tombée des bras de ce père infortuné dans ceux de la mort, qui ne parut jamais sous des formes moins cruelles, car le sourire de la candeur errait encore sur les lèvres charmantes de ma victime.

Toutes ces remarques, comme on le pense bien, furent l'effet d'un coup-d'œil prompt comme l'éclair. Je m'élance aux pieds d'Emma, dans un désespoir facile à comprendre, tandis que le capitaine Barmer, songeant aux causes, vole aux croisées qu'il ouvre avec promptitude et fracas. C'était dans les nuits fraîches de l'automne. Grâce à lui, un air vif et pur vient

chasser à l'instant le poison affreux auquel nous succombions nous-mêmes. Défaillant, je partageais presque et je réclamais le sort d'Emma, tandis que Bety, accablée elle-même par la douleur et le méphitisme, était hors d'état de secourir sa fille adoptive ; mais l'intrépide capitaine, allait, venait et ne perdait pas une minute. Physicien, chimiste, habitué sur son navire aux accidens de ce genre, son zèle et son intelligence nous étaient bien utiles. Bientôt l'abondance d'un air pur, les linges acidulés dont Barmer couvrait la victime, l'eau froide, dont il l'aspergeait, enfin ses soins actifs et réitérés arrachèrent un soupir à miss K**. —« Elle respire! m'é-
» criai-je comme un insensé ! Elle a
» respiré ! elle est sauvée ! — Ne l'es-
» pérez pas encore , répondit triste-
» ment Barmer, un tel poison est lent
» à se dissiper. »

Je croyais cependant entrevoir quelque agitation dans la respiration d'Emma, quelques progrès dans son retour à la vie. Le capitaine, la soutenant, reprenait lui-même l'espérance, et Tom, à la porte du cabinet apportait de l'eau pure, tandis que Bety, presque évanouie, était en prière et invoquait la providence, lorsqu'un bruit affreux se fait entendre. Tout-à-coup, Lord K**. parait comme un furieux, dans le corridor, suivi de quelques chasseurs; et avant qu'on ait pu le prévenir de ce qui se passait, il lâche, en prononçant mon nom, son coup de fusil, dans le cabinet où nous étions. La providence et la main d'un ami détournèrent le plomb fatal, qui n'atteignit que la croisée, en brisant toutes les vîtres ; mais l'explosion de l'arme à feu, celle du fracas des fenêtres brisées, produisirent ce que nos soins n'avaient pu obtenir. Emma saisie, frappée par un bruit si violent, ouvre enfin les yeux ; mais pour quel spectacle, grand Dieu ! pour voir son père furieux et prêt à m'immoler à sa rage.

Quel tableau épouvantable ! ici un père qui se croit outragé et prêt à perdre sa fille mourante. Là, deux êtres inconnus qui lui prodiguent leurs soins et qu'on croit la cause de son trépas, pour lequel ils eussent avancé le leur ; plus loin, des valets armés, des chasseurs ajustant leurs carabines ; partout des cris, des pleurs et un tumulte horrible. — «Que ve- » nez-vous chercher ici, scélérats ! » s'écria Milord ? en quel état vois-je » ma malheureuse fille ? — Arrêtez, » s'écria Barmer, arrêtez, et rendre » vous plus de justice au comte. » —J'ai appris, Milord, ajoutai-je » vivement, au moment de m'em- » barquer et d'être libre, l'affreux

» projet de Miss, et, sans balancer,
» j'ai sacrifié ma liberté, ma vie même
» pour l'arracher à son dessein cruel.
» Lisez, voyez si je pouvais hésiter,
» après un tel billet, sans être plus
» coupable par mon départ que par
» mon retour?

Pendant que lord K**, étonné d'une démarche hardie mais nécessaire, soutenait sa malheureuse fille, Emma, affaiblie par tant de secousses, et revenant à elle, s'accusait seule de cette horrible scène. — « Hélas ! j'espérais
» vous donner la paix, en la trouvant
» moi-même à jamais; le ciel ne l'a pas
» permis. Il faut gémir encore. Mon
» père ! ah ! le seul crime du comte
» est de m'avoir rendu la vie. Je ne
» souffrais plus ».

Tandis que lord K**, attendri, voyait Emma reprendre ses forces, et que moi-même affaissé, résigné à tous les malheurs, je ne répondais plus à

milord que par mon silence et ma douleur, le capitaine Barmer l'attaquait de son côté par son opiniâtreté et son énergie naturelles. — «N'accu-
» ser point le comte, s'écriait-il, suis-
» je moins coupable que lui ? moins
» dangereux, goddem ? suis-je moins
» que lui, à une heure indue, dans
» l'appartement de votre fille ! et si
» le réputation du comte le livre plus
» particulièrement à vos coups, pen-
» sez-vous que Barmer être un amaut
» sans danger ? Demander, vous, à
» mistris *Goddwin*, à mistris *Palm*...
(et il nommait, dans son petit accès d'amour-propre, toutes les actrices diffamées de Londres.) « Milord, ne
» voyez ici, qu'un trait de générosité
» dans le rival de moi; oui, il revenir
» pour sauver et rendre à vous lé fille,
» s'exposer à tous les malheurs et par-
» tir après pour lé continent à jamais,
» n'est-ce pas, cher comte? n'est-ce

» pas , mon cher ami , que vous ne
» revenir plus jamais ? Brave homme !
» il tiendra sa parole , il s'éloignera
» à jamais. Il me l'a promis. Il ne re-
« viendra jamais plus ».

Pour moi, trop absorbé par l'état
cruel où j'avais vu Emma , je ne pus
que confirmer par un soupir le triste
engagement que prenait pour moi, le
capitaine Barmer , ravi , au fond, de
mon départ. J'aurais insisté , peut-
être , si j'eusse pu appercevoir encore
celle que j'adorais ; mais la précaution
qu'on avait prise de l'emporter dans
sa chambre , où les soins les plus actifs lui étaient prodigués , tout m'ô-
tait l'espoir, l'énergie et la force de
lutter contre tant d'obstacles.

Après quelques instans écoulés.
— « Non , dis-je, lord K**, vous ne me
» verrez plus. Miss K** respire ; elle
» est sauvée. Il suffit, je pars. Je pars,
» victime de préventions bien cruel-

» les, injustes mêmes en amour. Je
» puis le protester aujourd'hui. Ce-
» pendant puis-je opposer, je le sens,
» à vos justes craintes une épreuve
» romanesque dont je sortirais victo-
» rieux sans doute, mais qui priverait
» un père du seul appui de sa vieil-
» lesse, la société de son plus bel or-
» nement, et qui peut-être contra-
» rierait les projets d'une famille res-
» pectable ? Non Milord, j'ai pu me
» créer cette douce chimère avant mes
» dernier malheurs ; ce fut une erreur
» d'amour alors ; à présent ce serait
» un crime. Accordez-moi votre esti-
» me, quelque pitié à ma douleur, à
» ma sincérité : je pars ».

Je lui détaillai alors brièvement
notre premier projet de solitude.
Lord frémit, puis ayant réfléchi un
moment, il s'écria : — « Vous êtes
» un honnête homme ! — Oui, le
» plus honnête libertin que moi avoir

» connu , s'écria le capitaine ; mais
» ce n'est pas l'instant de disserter sur
» le cœur du pauvre comte. Il faut ,
» avant tout, l'arracher à ses ennemis,
» et vos gens armés.... — N'achevez
» pas, reprit Milord , en faisant éloi-
» gner ses chasseurs. Erreurs et torts
» des deux côtés ! Adieu comte ! puis-
» que vous avez assez de force d'âme
» pour vous rendre une sévère jus-
» tice ; puisque vous savez sacrifier
» une passion, qui paraît sincère en
» ce moment, à la connaissance du
» du cœur humain, à celle de votre
» propre cœur si souvent égaré, vous
» avez un noble caractère, vous em.
» portez mon estime »..

A ces mots, me voyant dans un état
d'efforts et d'énergie intérieure que
trahissaient d'abondantes larmes , il
me prit sous le bras, en me serrant
avec une force qui ressemblait aux
étreintes de l'amitié. Nous descendî

mes le grand escalier. Je me retournai encore une fois , vers l'appartement d'Emma, en poussant un cri de
désespoir. Le capitaine me jeta dans
une chaise de poste, et nous partîmes
pour Déal.

Il me serait impossible de décrire
les sentimens douloureux qui rem-
plirent mon âme pendant ce court
voyage. Perdre la femme la plus admirable, avec la certitude de l'adorer
et d'en être aimé : pouvoir obtenir
l'aveu d'un père , le sort le plus brillant et perdre tout sans retour, pour
quelques aventures devenues trop pu-
bliques, existe-t-il de leçons plus ter-
ribles pour la malheureuse jeunesse
disposée à suivre mon exemple? Ah!
les refus, la perte de l'objet aimé, ne
sont rien pour l'être léger, qui sacri-
fie encore à l'inconstance ; mais quand
on a ressenti enfin le charme d'un
amour véritable, c'est alors que le dé-

sespoir est profond, et le châtiment peut être au-dessus du crime.

J'embrassai à Déal et remerciai le capitaine Barmer, de ses généreux soins. Je lui fis la remise solennelle de son œil, qu'il persistait toujours à vouloir m'envoyer aussitôt qu'il serait amiral. — « Je ne puis plus aspirer » à Emma, lui dis-je : la cause du duel » a disparu, l'effet doit disparaître ». Sur ce, j'embrassai mon rival, et frappant du pied avec désespoir une terre fatale où j'avais éprouvé les émotions les plus fortes de ma vie, je m'élançai dans le canot, enveloppé de ma sombre douleur, tandis que le capitaine me faisait du rivage un salut d'adieu, où j'entrevoyais plus d'espérance et de joie de mon départ, que de désir de me revoir.

Je végétai une année entière en France, dans une mélancolie qui surprit et affligea mes amis. Sentant enfin la nécessité de sortir de cet état d'apathie, qui prenait sur ma santé, je me déterminai à me rendre aux sollicitations de Sericour, qui m'écrivait de le rejoindre en Italie. On se rappellera l'aimable Sericour, cet ancien ami de garnison, à Strasbourg, amant trop chéri d'Antonine M**. qu'il avait abandonnée cruellement. Sericour, beaucoup plus léger que moi au fond, libertin décidé même, n'en jouissait pas moins d'une grande estime auprès des douairières, parce qu'il était adroit, légèrement sournois, et très-attentif près des maris et des pères, faussetés aimables, qualités utiles qui me manquaient totalement. Sericour s'était retiré du service en 1792, en même tems que moi, et pressé par des hommes puissans qui avaient des relations avec le directoire en France, il s'était associé dans les grandes entreprises des fournitures de l'armée d'Italie, c'est-à-dire, qu'il y avait mis son crédit et ses démarches, et d'autres leur argent et leur ruine.

Séricour m'écrivait souvent, en 1799, de Bologne, où il résidait pour l'instant. Il me fit entrevoir la nécessité de prendre enfin un parti pour mon propre compte. — «Que faire à
» Paris! mon ami? Sans cesse végéter,
» être en butte aux partis, aux soup-
» çons, comme étranger? Viens en
» Italie, m'écrivait-il : là tu te déci-
» deras, soit pour servir dans l'armée
» autrichienne, soit pour attendre les
» événemens. Né sujet allemand, du
» pays de Nassau, bon officier, sa-
» chant bien la langue allemande, tu
» auras un avancement rapide. Si tu
» le préfères, je t'offre le parti que j'ai
» pris. Place *incognito* quelques fonds
» dans nos entreprises ; tu voyageras
» avec nous, protégé, considéré, au
» sein des plaisirs, de l'opulence, et

» tu auras pour lénitif de quelques fa-
» tigues, pour dédommagement à ton
» retour, plusieurs centaines de mille
» francs, qui valent bien la peine
» qu'on se défasse de certains préju-
» gés ou opinions politiques. — Non,
» lui répondais-je. J'ai assez de fortune
» pour vivre libre, indépendant; je
» ne veux pas acheter des chaînes do-
» rées. Décidément je ne veux point
» d'emploi ni de bénéfices dans ton
» entreprise; mais désirant voir de-
» puis long-temps l'Italie, je m'y ren-
» drai. Je voyagerai avec toi. Je paie-
» rai ma dépense; que tes facilités de
» transport et tes ressources locales
» devront alléger beaucoup. Tes re-
» lations avec les généraux et les au-
» torités des villes conquises évite-
» ront toute difficulté, et l'apparence
» d'un intérêt justifiera ma présence.
» Je pars. »

Je me rendis à Bologne, séjour char-

mant, peuplé de femmes aimables,
parmi lesquelles Séricour me fit remarquer bientôt la comtesse russe
Dorothée de S.....y. Je fus frappé de
sa beauté, de ses grâces, de son esprit : et, quoique préoccupé de miss
K...., je ne pus m'empêcher de rendre justice à l'aimable Russe avec un
feu qui étonna Séricour. — » Alte là !
» me dit mon ami. Apprends que
» cette belle comtesse est la maîtresse
» du fameux Suv*****, général de
» l'armée austro-russe en Italie. Mal-
» gré l'esprit sauvage et original de
» ce vieux scythe guerrier, son pau-
» vre cœur a payé le tribut à l'amour.
» Pour ne point déroger à son sys-
» tème barbare et religieux en appa-
» rence, mais sacrifiant au fond à la
» nature, il mène en secret, à sa
» suite, la belle comtesse qui se trouve
» toujours, comme par hazard, sur
» le théâtre de la guerre. C'est ainsi

» qu'elle s'est arrêtée, depuis deux
» mois, à Bologne, pendant les ex-
» péditions de Suv***** dans la Basse-
» Italie, d'où il a repoussé nos armées
» malgré leur opiniâtre résistance :
» crains qu'il ne maltraite encore
» plus un rival. — Un rival ? lui
» dis-je, eh pensé-je au plaisir ? Non ;
» si quelqu'un brave ici le Tamerlan
» amoureux, et cherche à venger
» l'honneur français sur les jouissances
» du Tartare, ce n'est pas moi. Cer-
» tains regards à la dérobée et d'autres
» indices plus sûrs me prouvent que
» ce vengeur est.... mon ami Séri-
» cour. » — Il eut de la peine à l'a-
vouer. — « Enfin, me dit-il, j'en con-
» viens : est-on maître de ses actions,
» et même de ses sentimens ? Non,
» mon cher, le hazard en dispose. Je
» vais t'enchaîner par la confiance et
» par ton propre intérêt. Je veux que
» tu fasses ta cour à la marquise de

» Mar..i, amie intime de ma comtesse
» russe. Cette espèce d'association te
» liéra à notre sort et à nos craintes.
» Je n'ai pas besoin de cette preuve
» de ta discrétion ; mais comme le
» plaisir cimentera cette union, ce
» sera une sûreté et un charme de
» plus.

    — » Non, non, lui dis-je. Tant de
» malheurs que j'ai causés et éprou-
» vés par suite de liaisons amou-
» reuses, me dégoûtent entièrement
» de cette funeste carrière. » — Bah !
» me dit-il, en Italie, tout est couleur
» de roses en amour. Maris débon-
» naires, femmes légères, mœurs en-
» tièrement libres, tout nous excuse,
» et la sagesse seule est déplacée sous
» ce beau ciel ».

    — » Mais, lui dis-je, comment
» peux-tu rester en sûreté à Bologne,
» et surtout y risquer des aventures
» galantes, ou faire parler de toi, lors-

9 *

» que les Austro-Russes ont forcé mo-
» mentanément les Français à évacuer
» l'Italie? —Bah! dit-il, ne faut-il pas
» que je fasse mes recouvremens avec
» mes associés? Que risquons-nous,
» d'ailleurs, n'étant pas militaires,
» du moins pour l'instant? Rien. Et
» Vénus doit nous dédommager en
» secret des petits échecs momentanés
» de Bellone. Allons, décidément, je
» t'unis à la marquise de M...i. »

Enfin, pressé par l'amitié, le climat
et les occasions, je me laissai entraîner
étourdiment à cette liaison passagère,
et ce fut une des causes de mes nouveaux malheurs.

Au surplus, que les êtres délicats ne
m'accusent point trop vîte; qu'ils sa-
chent qu'en Italie, dans cette nouvelle
Cythère, l'infidélité n'est pas toujours
l'inconstance; que certaines femmes
passionnées ne s'y informent pas si
votre cœur est libre, mais bien votre

personne, et qu'elles vous évitent alors le crime du projet et le remords amoureux. Ce qui constitue le véritable crime d'un amant, c'est le projet de changer; ce sont les avances qu'il peut faire : ici, on vous sauve ce tendre forfait, on tombe dans le précipice fleuri avant d'avoir vu la main charmante qui vous y pousse; et pour conserver le titre d'amant délicat, il faudrait presque renoncer à toute énergie physique, et faire abnégation de ses sens. Triste excuse, il est vrai pour un cœur romanesque, mais vérité pour l'être impartial. Revenons à la position de mon ami Sericour à Bologne.

» Apprends, d'abord, me dit Séricour, l'origine de ma liaison avec la comtesse S....y : j'apportai de Paris une lettre de recommandation de madame T***, pour la comtesse qui l'avait connue aux eaux de Baden, et

ỹ avait cultivé sa société. La comtesse m'accueillit avec bonté, avec
empressement même. Après m'avoir
considéré du coin de l'œil, le bien
qu'on lui disait de moi dans cette
lettre, parut aimanter sa confiance :
elle me parla de ses fatigues, de l'en-
nui de voyager sans cesse à la suite
de l'armée austro-russe, de son désir
extrême de rester en Italie, climât
divin, séjour des arts et des plaisirs.
Elle se plaignit légèrement de la brusquerie extrême de son oncle Suv***
(c'est le titre et le voile que prenait son
tartare amoureux.) — « Il ne ména-
» ge, disait-elle, pas plus la santé de sa
» nièce, que celle de ses grenadiers li-
» voniens. » Enfin elle m'engagea à venir faire de la musique tous les jours
à son piano. Elle m'indiqua, avec une
espèce de nonchalance affectée, la
maison de la marquise de Mar...i,
comme une de celles qu'elle affec-

tionnait le plus, et m'offrit de m'y présenter par la suite.

» Un tel accueil me ravit; et j'étais bien loin de prévoir où il pourrait me conduire.

» Je ne manquai pas de me rendre chaque jour, vers les deux heures, auprès de mon affable comtesse. Elle aimait beaucoup les fleurs. Je la trouvais presque toujours dans son jardin qui était rempli de plantes rares.

» Un jour que nous avions prolongé un peu tard notre promenade solitaire, et que la comtesse s'appuyait négligemment sur mon bras, elle fit un faux pas, chancela, et se retint à une branche d'un grand laurier qui bordait le sentier où nous étions. Je lui fis observer, « qu'ainsi que son » oncle Suv***, elle devait son salut » aux lauriers.—Oh! oui, cela soutient » parfois, quoique bien fragile, dit-elle » en riant, voyez » : elle me fit remar-

quer que la branche était cassée. Sans
nous arrêter à ce triste pronostic pour
la gloire de son oncle, à la fin de la
campagne : — «Tenez, j'aime mieux ce
» petit laurier des Alpes, reprit-elle en
» rougissant, il fleurit sans cesse; il est
» souple, se cache modestement dans
» le feuillage, et dure plus long-
» temps.

» Je commençai à soupçonner quelque mystère dans cette distinction
botanique, et la rougeur et les regards
de la belle S.....y confirmèrent cette
douce conjecture lorsqu'elle ajouta :
— «Vous avez beaucoup de ces lau-
» riers des Alpes; beaucoup de ro-
» dodendrons dans vos montagnes?
» car vous êtes né dans le Haut-Dau-
» phiné, pays de mes fleurs favorites?
» n'est-ce pas?

» Flatté de la voir déjà si bien ins-
truite sur mon compte, on juge si je
saisis l'à-propos; et nous continuâmes

ainsi, de sentiers en sentiers, de fleurs en fleurs, à trouver des emblêmes, des allusions à nos sentimens. Les fleurs sont l'idiôme favori des femmes, et il nous servit merveilleusement en ce cas. Je ne sortis pas du parc sans avoir un bouquet significatif.

» Je te supprime une foule de détails amoureux de l'exorde du bonheur, pour arriver au chapitre des événemens inséparables d'une telle liaison. Les fleurs nous amenèrent aux fruits, non aux fruits dangereux, mais aux entretiens secrets, aux plaisirs mystérieux qu'une femme passionnée rend plus vifs encore. Nous nous y livrions, avec confiance, lorsqu'un agent secret, l'aide-de-camp général Den**off, vint annoncer à la comtesse l'arrivée subite de Suv*** à Florence. Je ne saurais te dépeindre la frayeur horrible que cette nouvelle

inattendue parut causer à la belle
S.....y. — « Pardonnez-moi, me dit-
» elle, l'état affreux où vous me voyez ;
» l'éclair, la foudre en éclats sont
» préférables au retour d'un pareil
» adorateur. L'âge n'a rien éteint, en
» lui, de sa tête volcanique et de ses
» bizarreries. Il me cherche, il me
» fuit tour-à-tour. Il m'adore, il me
» bat. Il se précipite à mes genoux,
» et, au même instant, voudrait me
» jeter aux siens avec violence. Au
» moindre refus, il devient furieux,
» se roule par terre, se frappe avec
» fureur, et semble avoir réservé tous
» les excès de la jeunesse pour son
» rigoureux hiver. Cent fois il a voulu
» me fuir ; mais il ne le peut. Je suis
» trop utile à son repos, et peut-être
» à ses succès, d'après ses préjugés
» étranges sur la destinée et l'influence
» des êtres qui nous entourent sur les
» événemens de notre vie.

—» Quoi ! lui dis-je, il croit à cette
» influence ? Vous êtes bien faite pour
» accréditer un tel prestige ; mais
» comment avec une tête forte peut-
» il?.... — Remarquez , dit-elle, que
» presque tous les hommes célèbres
» ont eu cette faiblesse. La gloire est
» fille de l'enthousiasme. L'enthou-
» siasme naît de la conviction du suc-
» cès ; et cette conviction elle-même
» ne se puise que dans l'espérance,
» ou plutôt l'espèce de certitude de
» l'influence d'un astre ou d'un génie
» protecteur. C'est pour ces êtres exal-
» tés, l'image des divinités d'Ho-
» mère, l'égide sacrée des anciens
» héros, et les Scythes ont aussi leur
» Mithologie. Mais où m'égarai-je ?
» cher Sericour ! lorsque le péril ap-
» proche ? Ah ! la plus grande preuve
» d'amour que je puisse vous donner,
» c'est de vous fuir au moins pour un
» temps. Partez pour Rome , jusqu'à

» ce que l'arrivée de Suv*** à Bologne,
» sa conduite et ses procédés envers
» moi, m'apprennent s'il est possible
» de vous revoir sans les plus affreux
» périls. Partez. Il ne peut tarder.

» Comme elle prononçait ces paroles, entre à l'instant, chez elle, le
géneral Den**off. Il paraissait si occupé de sa mission, qu'il ne fit aucune attention à moi ; du moins je le
suppose ; je les laissai seuls, et à peine
rentré à mon hôtel, je reçus ce billet
de la belle S....y. — « Pars, il sera ici
» cette nuit même. Je te manderai
» l'époque et la possibilité du retour.
» Pars pour Rome à l'instant.

» Ce billet empreint d'un effroi
profond m'étonna médiocrement. La
circonstance était urgente. Mes préparatifs étaient faits, et je pris la poste
pour la capitale du monde chrétien.

» Je te supprime mes adieux. Ce
fut un mélange de délices et de ter-

reurs, impossibles à décrire. Les femmes passionnées semblent s'électriser
encore par la crainte : et l'idée du
bien qu'elles vont perdre, redouble
leurs transports.

» Je partis la nuit même de Bologne, et me trouvai le lendemain à
Riffredo. J'y faisais rattacher une malle
pour le passage de l'Appenin, lorsqu'une voiture s'arrêta à l'auberge de
la poste. C'était une calèche allemande fort simple. Deux personnes
en descendirent. L'une d'elles avait
un mouchoir sur la joue, et semblait
souffrir du mal de dents. On leur
donna une chambre. A peine y furent-
elles entrées, qu'on vint me prier d'y
passer. Je m'y rendis, quoique un peu
surpris du message. — « Vous venez
» de Bologne, me dit le plus petit des
deux personnages, restant assis et
sans me saluer. « Qu'y dit-on des
» revers de l'armée française ? —

» Qu'elle prendra sûrement sa re-
» vanche en Suisse. — Non, morbleu!
» car j'y cours! » s'écria le personnage,
frappant violemment la table avec
sa botte, et dévorant une cotelette
à moitié crue. Ces mouvemens, ce
cri de fureur, et ces traits tartares,
tout me dit que c'était Suv ***. Je
ne me trompais point.

» On juge si je me trouvais à mon
aise vis-à-vis d'un tel personnage, et
avec une conscience timorée à bon
droit sur certain chapitre. — «Que
» fait la comtesse de S.....y à Bologne?
reprit-il, dévorant une seconde côte-
lette toute crue, et avalant d'un trait
un verre énorme de kirschwaser,
« elle s'amuse, n'est-ce pas? » Ce mot
assaisonné d'un regard perçant me
fit frissonner. — «Au reste, elle fait
» bien. Les femmes savent le prix du
» temps comme nous en guerre.
» L'avez-vous vue dans le monde?

» — Quelquefois chez la marquise de
» Mar..i. — Oh ! oh ! c'est une
» grande ......, bien capable de lui
» donner de mauvais exemples. Et
» vous, que faisiez-vous là ?.... Vous
» êtes Français, n'est-ce pas ?— Oui,
» général, je suis.... négociant voya-
» geur. — Et courtisan des belles,
» sans doute?» ajouta-t-il, en me toi-
sant de l'œil, et parlant à son compagnon, d'un air ironique et sombre; «ils
» nous ont laissé en Italie une légion
» de merveilleux Français qui ne son-
» gent qu'à faire la guerre aux fem-
» mes; mais nous chasserons tout
» cela. Adieu, Monsieur!... Comment
» vous nommez-vous? — Séricour.
» — Nom de guerre, n'est-ce pas ?
» Allons ! mes chevaux ! » — Et sans
me saluer, ni ajouter un mot, il monta
en voiture et disparut.

» Bientôt deux autres voitures passèrent et le suivirent. Je me mis moi-

même en route. Ce laconisme, cette brusquerie du terrible maréchal, quoique connus, me jettèrent dans une inquiétude assez vive; mais tournant le dos à Bologne, et comptant d'ailleurs sur l'attachement et l'adresse de la comtesse, je repris ma route plus tranquillement.

» J'étais depuis quinze jours à Rome, assez agité, comme on pense, lorsque j'ai reçu un billet de madame de S....y, qui me rappelle. — « Sois » tranquille, me dit-elle; les héros » ne s'occupent guère des intrigues » d'amour. Reviens comme à ton or- » dinaire chez la Mar....i, et nous » pourrons goûter encore quelques » momens heureux au sein de la pru- » dence.

« J'ai obéi, mon cher, et me voilà à Bologne depuis six jours ».

Je représentai en vain à Sericour les périls auxquels il pouvait s'exposer

au milieu d'un pays conquis , et par
un Suv*** encore. Il m'opposa la possibilité de rompre adroitement cette
intrigue , et surtout la nécessité de
terminer ses affaires d'intérêt. « On
» ne renonce pas ainsi , me dit-il, à
» deux cent mille francs de bénéfice
« que je vais me faire liquider ici , à
» Bologne. Allons , encore un jour de
» combat , et ma fortune est faite. »

Je trouvais mon pauvre Sericour
bien changé , du moins en désintéres-
sement. J'insistai pour le faire renoncer à son projet ; mais il m'assura si
positivement qu'il n'aurait plus avec
la comtesse que des rapports d'attachement sans riques , ni d intimité réelle,
que pressé par ses instances , je me
rendis et consentis à prolonger mon
séjour à Bologne.

De son côté , Suv*** , après avoir
passé quelques jours avec sa belle comtesse , après avoir laissé des marques

étranges de son vif intérêt , en comblant de présens , de richesses et de menaces sa chère *Douna*, (1) Suv***, dis-je , s'était porté avec son armée , par le St.-Gothard, en Suisse , dans le but de dégager le général Korsakoff, déjà battu près de Zurick , quand Suv** arriva. Le vieux maréchal ne partit point sans mille imprécations contre les jeunes Français qui restaient en Italie. Avait-il tort ? car pendant que la guerre se faisait dans les hauts-cantons Suisses et le pays des Grisons, l'Amour rentra en campagne à Bologne. La belle S...y mit en œuvre ses attaques réitérées. Quoique Sericour inquiet , se tint à une distance respectueuse dans ses lignes de défence, de tendres billets, des duegnes adroites furent les moyens dangereux

---

(1) Dorothée, nom de la Comtesse en langue Russe.

dont le petit dieu se servit, et les ruses de guerre finirent par triompher de cette belle résistance.

En effet, voyant ses démarches repoussées par une tendresse froide et motivée par des obstacles et des espions sans nombre, la comtesse de S...y paraissait enfin avoir renoncé à tout autre sentiment qu'à l'amitie et à la bienfaisance. Ce dernier plaisir était son passe - témps favori. Plusieurs familles lui doivent leur fortune et même leur existence en Italie. La comtesse semblait avoir pris à tâche de donner à Sericour les mêmes penchans ; elle l'avait associé à plusieurs actes de bienfaisance, et y trouvait à-la-fois des relations par écrit et le bonheur d'estimer davantage son ami. Sericour enfin, malgré son systême intéressé dans les affaires, avait un bon cœur : il se prêtait avec empressement à ces bonnes

œuvres, et s'y bornait , d'après mes conseils , en évitant toute espèce de de tête à tête, lorsqu'il reçut, un soir, un billet de la comtesse, ainsi conçu :
— « De tous les êtres que nous avons » secourus, il n'en est pas de plus à » plaindre que celui que je vous re- » commande de voir , ce soir même, » *rue de la Spada* , n°. 21. C'est une » pauvre femme bien malheureuse. » Je ne puis rien seule , pour elle. » Cela tient à des démarches impor- » tantes à faire. Je connais votre cœur » et j'ai compté sur lui. N'y manquez » pas ».

Sericour se rendit à huit heures du soir , rue de *la Spada* , avec de l'or, au n°. indiqué. Il monte par un esca- lier sombre , dans une maison d'assez mauvaise apparence, et parvient dans une espèce de galetas au 2ᵉ étage. Il frappe et s'empresse de pénétrer jus- qu'à la veuve infortunée qu'il lui était enjoint de secourir. Une vieille femme se présente et le conduit à un arrière cabinet où il trouve..... qui ? la comtesse S...y elle-même ! — « Voici la » malheureuse qui ne peut vivre sans » vous , lui dit-elle , avec passion. » Oh ! oui ! bien malheureuse ! lui » pardonnerez-vous ce détour néces- » saire pour vaincre votre effroi et » tant d'obstacles ! Mon ami, ah ! cet » acte d'obéissance et de bienfaisance » de votre part , légitime encore plus » mon amour et mon imprudence. » Vous êtes un ami parfait ».

Sericour pris à ce doux piège, n'eut pas la force de réfléchir , et l'on juge si cet entretien commencé d'une manière si romanesque, fut suivi d'un plus doux raprochement des deux amans. Plus de réflexions, de regards sur l'avenir ; un présent délicieux les énivra.

Ce premier effroi vaincu , il fut convenu qu'on se verrait souvent dans cette retraite cachée, dans cet azile de la raison apparente , et que l'élégance et le goût avaient travesti en un boudoir charmant , ignoré des mortels ; mais il fut convenu en même tems, que l'on se rencontrerait en assemblée , et quelquefois même en tête à tête , chez la marquise de Mar....

Quinze jours se passèrent dans ces entrevues moins périlleuses , puisque Suv*** , passé en Suisse par le St.-Gothard , et chauffé vivement à Mutten , à Schwitz et Nafels par les Français , ne s'occupait guère des attaques de l'intérieur.

La marquise de M.... avec laquelle Sericour m'avait lié , bon gré malgré, était l'âme de nos rendez-vous. On s'y voyait souvent en espèce de quatuor décent , c'est-à-dire la M..... et moi dans un cabinet entr'ouvert , d'autre part Sericour et la comtesse dans une pièce voisine, et par fois dans le grand salon même, quand la société s'était retirée.

Un soir , c'était le lendemain de la nouvelle de la bataille de Zurich, la comtesse avait donné à huis-clos une petite fête à cette occasion (car on était du parti français au fond de l'âme à Bologne). La société s'était retirée , et cet aimable laissez aller , mi-fatigue , mi-plaisir , qui suit les grandes assemblées en Italie, ces cercles nombreux où l'on s'est lorgné souvent sans se rapprocher, la lassitude enfin nous avait fait tomber tous quatre sur des canapés, dans nos petites retraites favorites , c'est-à-dire dans le boudoir de la Mar.... pour elle et moi, et dans le grand salon pour la comtesse S....y et Sericour. Un vaste paravent assez bas, étendu dans ce sallon , empêchait seulement d'appercevoir ce dernier couple ; mais la porte de notre cabinet, entr'ouverte , nous laissait

entendre une partie de leur conversation , à laquelle nous prenions part
dans les momens où mutuellement
nous ne craignions pas d'être indiscrets.

Il était minuit. Nous étions restés
seuls. Tout-à-coup j'entends ouvrir
doucement la porte du grand salon.
A demi endormi, ainsi que la marquise de Mar...., nous crûmes que
c'était un laquais qui venait changer
les bougies , quand j'entrevis quelqu'un marchant sur la pointe du
pied , et s'approchant du paravent
du salon. Ce personnage était suivi
d'un autre qui paraissait inquiet et
le talonnait. Le premier s'avança rapidement ; et avant que j'eusse
pu m'écrier, il monta sur une chaise,
regardant par dessus le paravent
et fit un cri de fureur qui attira à
la porte la Mar...., laquelle aper-
-cevant ce personnage, tomba pres-

que évanouie de mon côté, en disant d'une voie étouffée : « *O Dio ! c'est* » *Suv*** !* » Je ne pus en entendre davantage. Le bruit épouvantable que fit le vieux Maréchal, en brisant la glace avec une chaise qu'il lança contre le paravent, ne nous permit que l'effroi et l'immobilité, après avoir retiré vivement et sans bruit la porte de notre cabinet.

Quel tableau avant cette retraite ! La comtesse S...y épouvantée, s'enfuyant par la première porte, Sericour s'esquivant par une autre, et le vieux Scyte, surpris, furieux, les cheveux hérissés, et lançant sur les fuyards son regard terrible. Il se jeta sur une épée qu'il vit contre une chaise, (car il était sans armes) et s'écriait : — «Les misérables ! ils pé- » riront » ! En s'élançant de nouveau sur leurs traces, quand le général De...off, son inséparable, le saisit dans

ses bras , et l'arrêta en lui disant :
— « Tout cela est trop au-dessous de
» vous , monsieur le Maréchal. Mé-
» prisez une ingrate , et ne craignez
» que le bruit. — Vous avez raison ,
dit Suv * * * d'une voix étouffée ,
» allez chez Douna, dites-lui de par-
» tir pour Vienne ; demain , si je la
» retrouve à Bologne..... » un geste
terrible peignit assez ce qu'elle avait
à craindre.

De..off entraîna Suv** hors de cette
maison , et, grâce au ciel, sans qu'il
nous eût apperçus ; mais qu'on juge
de notre inquiétude. Tout s'était passé
chez la Mar...., amie de la comtesse :
comment Suv**, outragé, prendrait-
il cette condescendance ? comment
traiterait-il tous ceux qu'il pourrait
penser y avoir part, ou être les amis
de la complaisante ? Comment ne nous
étions - nous pas plus méfiés de la
finesse du héros Cosaque , connu pour

exceller à se procurer des renseignemens , à surprendre ses ennemis en
tout et partout , et à tomber sur eux
à l'improviste?

Le passé avait aveuglé Mad. de
S...y ; mais la marquise et moi étions
en ceci les premiers en faute , quoique je fusse certain de mon côté d'a-
voir tout fait pour éloigner Sericour
de cette fatale liaison.

Quelle nuit d'angoisses pour tous!
La Marquise m'engagea à aller dès
l'aurore , savoir , s'il était possible,
ce qui s'était passé. La mission était pé-
rilleuse. Néanmoins mes craintes pour
Sericour me décidèrent à tout faire
pour éclaircir son sort et l'y dérober
peut-être. Je volai à son domicile:
le coupable était absent, comme on
pense , et je ne pus rien apprendre.
Je me rappelai qu'il avait un ami d'en-
fance dans les bureaux du chef d'état-
major-général russe ; c'était un Fran-

çais émigré , le chevalier de T.... Je courus près de celui-ci , et ne pus le rejoindre que le soir. Que d'anxiétés jusques-là ! Mais ce délai même nous permit de savoir au moins quelque chose de positif. Je commençai par montrer au chevalier de T... toutes les lettres de Sericour et par lui prouver notre intimité. Le chagrin profond et l'inquiétude affreuse où cet ami commun me vit , achevèrent de le convaincre et de l'engager à m'instruire de ce qui s'était passé.

Voilà ce qu'il me dit tout bas :

» Rendez grâces à la nouvelle arrivée , cette nuit, du salut de l'armée de Korsakoff et de Hortze , recueillie par l'archiduc Charles, qui l'a sauvée d'une défaite totale. Suv***, de retour de sa fatale expédition en Suisse, était dans la dernière fureur. Cent fois, sur les montagnes et les glaciers, il s'est roulé dans la neige, y a fait creuser sa tombe, et a voulu, suivant son usage, s'y faire enterrer par ses soldats, parce qu'ils avaient été battus. Jugez de l'excès de sa rage, lorsqu'arrivant en Italie, il a vu joindre à ses revers guerriers, un si terrible revers en amour. Alors nul n'osait l'approcher. C'était un vrai tigre déchaîné. Cependant, en rentrant chez-lui, le Maréchal a trouvé les courriers de l'archiduc Charles qui annonçaient son arrivée en Suabe. Il a pris alors un air moins sombre, mais a dit avec une espèce de sourire sardonique : — Voilà l'essentiel ! et cependant il est monté rapidement à son cabinet. Il a ouvert la porte de communication avec le petit sallon, où se tient ordinairement la belle S....y quand il est près d'elle, et où il cause souvent et lui adresse la parole, en dictant. Voyant ce petit sallon vide, il a semblé que quelque chose lui manquait ; mais il a dit avec un sourire étouffé. »—Elle n'y est pas? Elle fait bien ! « Puis il s'est mis à dicter des dépêches, s'interrompant à chaque instant, jurant, brisant le dossier des chaises, s'impatientant contre les secrétaires, et il a fini par les renvoyer. Il ne s'est pas rappelé que j'étais par ordre du général De...off dans un petit cabinet de confiance pour les dépêches secrètes, et voici la conversation que j'ai entendue, et que je n'ai pas osé interrompre pour sortir, dès qu'elle a été commencée ».

» — Que fait Douna? Où est-elle ? » a dit Suv***. — Elle est malade : » elle pleure, a répondu D***soff. — » Bah! grimaces de femmes! elle riait » hier! et pas seule!.... Mais laissons » cela.... Vous ferez diriger Markoff

» avec sa division sur Domo Dossola.
» Il faut rejoindre les Autrichiens par
» le Tyrol italien.

» Puis, je l'entendais se promener,
en frappant de temps en temps sur
la table. Pour D...off, suivant son
usage, quand il est agité, il se frottait
le front vivement, et suivait Suv***
presque pas à pas. — «Non ! je ne
» la verrai plus, la malheureuse ! di-
» sait ce dernier, je méprise les fem-
» mes, vous le savez. On s'attend à
» tout avec ces êtres-là ; mais celle-ci
» que j'ai distinguée.... — Oh ! elle
» est si bonne ! — Oui, pour ses
» amans. » Alors il a pris sa tabatière
où est le portrait de la comtesse, il l'a
brisé contre terre, et l'a foulé aux
pieds : mais, criait-il : — » Quel est
» ce polisson de Français que j'ai sur-
» pris avec elle ? Quelque employé de
» Paris, resté ici, je gage ? Qu'on les
» arrête tous demain. — Cela sera

» fait, monsieur le maréchal! Mais,
» au nom du ciel! dissimulez. L'armée
» russe vous croit, elle doit vous
» croire sans passions, autres que la
» gloire et l'esprit religieux. Ne la
» détrompez pas. — Mais Douna me
» trompe! et à la face de l'armée.
» — On l'ignore. —Croyez-vous ?—
» J'en suis sûr; et le moindre éclat...
» — Il a raison. Ils me croiraient dé-
» senchanté. — D'ailleurs, chacun
» est convaincu qu'elle vous porte
» bonheur.—Bonheur! reprit-il. » Je
remarquai que ce mot le frappa. Il
ajouta — » il est vrai que quand elle
» est avec moi, je n'ai pas un revers.
» — Oui, je l'ai remarqué, reprit
» D***off, alors tout vous réussit. —
» Mais elle se charge des compensa-
» tions, n'est-ce pas? — Ah! qu'est-ce
» qu'un caprice auprès de la gloire
» immortelle? D'ailleurs son âme en-
» tière est au grand homme qui la

» protége. Pardonnez la comtesse. Cet
» acte de bonté doublera l'influence
» de l'astre bienfaisant. — Non, je ne
» pardonne point; mais je la garde,
» puisque... Alons nous coucher....»

» Il est allé se jeter sur sa peau de
renne. Suv*** a dormi ou feint de
dormir, à ce que m'a dit son cosaque
favori Lanskoï. De**soff est venu de
grand matin. Il lui a remis un billet
de la comtesse. Il avait les larmes aux
yeux, car D***off est bon et humain.
Il a insisté de nouveau près du vieux
maréchal, qui, tout en le bourrant,
semblait s'adoucir; mais quelle erreur!

» A peine habillé, Suv*** a parcouru
son hôtel, ses écuries. Il était furieux;
il avait le knout à la main, et en frappait ses meilleurs chevaux dans sa colère. Il est remonté. Parvenu à la grande
anti-chambre, deuxième sallon, il y a

trouvé la comtesse avec quelques femmes qui faisaient des malles. La pauvre S.....y pâle, les cheveux tombant
sur ses épaules, dans un négligé blanc,
à demi-vêtue, et plus belle que jamais, a voulu s'enfuir. — « Où allez-
» vous ? Je vous fais peur ? a dit
Suv*** d'une voix terrible. — » Non..
» mais.... — Que ces femmes sortent.
Elles sont parties.

« Suv*** alors s'est avancé sur la
comtesse, les yeux étincelans, et le
knout à la main, mais je n'ose croire
pour la frapper. La comtesse tremblante, et ne pouvant fuir, se soutenait à peine. Les larmes l'étouffaient.
Le général Den**sof s'est interposé, et
cherchait à lire dans les yeux de Suv**
—» Que faisiez-vous là, dit le vieux
maréchal, un peu appaisé par l'état
affreux de la comtesse? — » Je fais
» mes malles. — Et où allez-vous ?
» — Hélas ! je ne sais plus, a répondu

d'une voix étouffée la comtesse éclatant en sanglots. — » Vous ne » savez?... vous ne savez?... pauvre » Douna! et où irait-elle, en effet? » Allons... restez et soyez sage! » a dit Suv***..., avec une brusquerie mêlée d'un peu de trouble, et qui, pour lui, équivalait à de l'attendrissement.

« Non! non! s'écrie alors la comtesse avec force et reprenant tout son ascendant. « Plutôt aller vivre en » Sibérie, qu'être exposée à vos soup- » çons injustes, pour une conversa- » tion bien innocente! » — Inno- » cente! Est-il vrai, Douna! a repris le vieux Tartare! — Ah! le ciel le sait! ajouta la comtesse, redoublant ses larmes.

» Et je vois aussitôt ce héros, jadis prêt à dévorer sa victime, tomber à ses pieds; je le vois se frappant lui-même du knout dont il menaçait Douna, et se roulant par terre aux pieds de celle qui l'avait trompé.

» Voilà les conquérans et les maîtres du monde, quand ils sont amoureux! Voilà ce que peut une femme adroite et belle pleurant à propos!

Ainsi finit le récit du chevalier de T.... — « Mais, ne vous y fiez pas, » ajouta-t-il : Suv*** a pardonné à sa » maîtresse, il ne pardonnera pas à » ses adorateurs, et les ordres ont été » donnés pour arrêter, cette nuit, » tous les jeunes Français restés en » Italie. «

Heureusement je reçus à l'instant même un billet de Séricour, par lequel il m'annonçait que, redoutant les suites de cette surprise, il allait tâcher de gagner Laibach en Styrie, pour se réfugier de là en Autriche. Nous en fûmes ravis; mais je doutais

fort qu'il pût échapper aux Russes,
et je ne me trompais pas; comme on
le verra par la suite. Il fallait qu'il
eût aussi sa leçon.

Quant à moi, je fus destiné à payer
plus particulièrement les frais de
l'aventure, tant les événemens sont
bizarres et la renommée galante funeste. Non-seulement je faillis être
assassiné plusieurs fois pour les faits
d'amour de Séricour et les miens;
mais encore dénoncé aux Français,
après la retraite des Russes, par un
nouvel amant de la marquise de
M..i, comme un agent de l'étranger
en Italie, je fus arrêté et conduit à
la citadelle de Mantoue, occupée par
les Français. Hélas! sans l'amour et
la rivalité on eût été plus indulgent.
La réputation de galanterie est un
verre de réduction pour les bonnes
actions, et un multipliant pour les
torts.

Je suivis forcément l'escorte qu'on me donna, et nous arrivâmes à Mantoue, le 1er août 1799. Je fus conduit au fort St.-Georges, espèce de citadelle de la place, et ouvrage assez avancé dans l'inondation, pour rendre toute évasion impossible, lors même qu'on parviendrait à percer les voûtes des cazemates qui servaient de prisons.

Ayant été recommandé à toute la sévérité du gouverneur, je fus enfermé dans l'étage des cazemates les plus humides et les plus basses du fort St.-Georges ; et là, livré à toute l'horreur de mes réflexions, à peine soutenu par une nourriture rare et de mauvaise qualité, je passai plusieurs jours avant de pouvoir reprendre l'équilibre de mon esprit et ma sérénité ordinaire.

La clarté ne m'arrivait que par

l'extrémité d'une embrâsure de l'ancienne artillerie. Des remparts de dix pieds d'épaisseur, interceptant quelques faibles rayons du jour, ne me laissaient parvenir qu'un crépuscule hideux, et, sur les murs enfumés de mon cachot, se lisaient partout ces tristes inscriptions italiennes : « *Ultimo giorno ! — Addio amici ! per l'eternità. — Son perduto ? — à domani saro massolato.* —Toutes ces exclamations de condamnés attendant l'heure du supplice, ne devaient guères me rassurer sur mon sort futur.

Je fus cependant un peu consolé au bout de quelques jours, par une lettre de Séricour, que me remit mon geolier, lequel m'était devenu favorable, au moyen d'une bourse que je lui avais glissée en entrant. Cette lettre me rassura sur le sort de mon ami, tout en me prouvant de nouveau

les dangers de nos exploits amoureux.
J'y lus rapidement ces mots :

— J'arrive enfin à Laibach, abîmé,
» exténué, et qui pis est ruiné. Ah!
» mon cher comte! que n'ai-je suivi
» tes conseils à Bologne! et que la
» belle *Douna* m'a coûté cher! Suv***
» irrité au dernier dégré, de ses re-
» vers en guerre et en amour, a or-
» donné, dans sa retraite, de pour-
» suivre tous les jeunes Français er-
» rans en Italie; j'ai eu le malheur
» d'être pris dans une escarmouche,
» et traîné à Vérone par les troupes
» régulières russes. Là, traité comme
» espion, et chargé de toute la haîne
» de Suv*** absent, j'étais au moment
» de voir trancher mes jours, quand
» un souvenir heureux m'a fait pen-
» ser à mon argent et à mes bénéfices
» de notre entreprise, fonds précisé-
» ment déposés à Vérone chez M. Mar-
» co, le banquier. J'ai fait proposer

» aussitôt secrètement au conseiller
» privé de N., qui devait me faire
» juger, de partager ma fortune, et
» de me laisser évader dans la ba-
» garre de la retraite qui nous servi-
» rait d'excuse. Ah ! mon ami! quel
» homme loyal que le conseiller ! le
» digne magistrat! il n'a point accepté
» cette moitié; mais il a pris le tout.
» Il a palpé mes deux cents mille
» francs en or, avec une dignité, une
» bonté, une générosité sans exemple;
» et tout en déclamant contre l'im-
» moralité universelle, il a eu bien de
» la peine à tenir sa promesse, et à
» me laisser échapper, pour mon ar-
» gent, quand la retraite des Russes
» s'est accélérée pendant la nuit.

» Ainsi me voilà sain et sauf, mais
» nud comme l'Amour qui nous a
» perdus. Peste soit de ce petit général
» qui défend si mal ses troupes lé-

» gères ! Donne - moi de tes nou-
» velles. »

Je fus ravi de savoir Séricour sauvé ;
mais j'étais dans les chaînes, et pour
pareil motif, en grande partie ; l'a-
mour ! Je devais naturellement m'attendre que le sort ne sauverait pas
deux de ses victimes. Ces idées m'at-
tristaient de nouveau, lorsque l'aide-
major de la place me calma un peu
par sa visite. C'était un ancien officier du régiment de Béarn, que
j'avais connu à Strasbourg, et qui me
traita en vieux camarade. Il adoucit
mon sort autant qu'il le put, et sans
s'expliquer sur ses motifs d'indulgence,
je remarquai qu'il rendit mon potage
moins aquatique, et mon plat de lé-
gumes plus savoureux. J'obtins même
quelques livres, et avec grand peine
du papier et de l'encre, pour jeter au
hazard, sur mon carnet, quelques

tristes réflexions. Hélas ! je n'en avais que trop à faire sur la funeste cause de ma détention , et si je n'osais pour le moment confier à mes tablettes mon opinion sur l'état militaire et politique de l'Italie, je pus au moins, comme amende honorable , dire mon *confiteor*, et faire mes remarques sur les inconvéniens de la guerre amoureuse.

Entr'autres réflexions que je traçai et qui se sont égarées dans mes voyages, j'ai retrouvé celles-ci, qui pourront être utiles aux maraudeurs en amour, et leur montrer une partie des inconvéniens de cette petite guerre.

C'est un tableau en raccourci dressé par l'extravagant Séricour, et qui peint assez la légèreté de son esprit, et les mœurs de la France sa patrie.

Tarif approximatif des ennemis qu'on ac-
quiert par suite de la galanterie.

QUALITÉS DES BELLES.	ENNEMIS DU PRÉFÉRÉ.
Une prude à Paris, à Vienne, Berlin ou Londres.	Le mari, l'ami de la maison, le médecin et les cousins non brouillés encore.
Une prude en province.	Le mari, le magistrat, le chirurgien, le curé, et tous les collatéraux craigant la naissance d'un héritier.
Une Dlle. dans une grande ville.	Les cousins, les maîtres à danser, de musique, de peinture, les walseurs, et surtout les beaux esprits de la société.
Une demoiselle de province.	Les cousins, les maîtres, les vieux élégans du pays, les désœuvrés des châteaux voisins, etc.
Une coquette ou femme à la mode dans une grande ville.	Le mari *néant*, les maîtres, les comédiens de société, et tous les fats à prétention du salon.
Une coquette ou femme à la mode de province.	Le mari *néant*, le notaire, le médecin, le curé, le sous-préfet, le directeur de l'enregistrement, et tous les droits réunis à dix lieues à la ronde.
Une femme du haut rang, Lady, Duchesse, Princesse, etc.	Parens, amis, parasytes, commères et valets (ennemis innombrables.)

Nota. Ajoutez, en Espagne les *con-fesseurs*, en Italie les *sigisbés*, en Allemagne les *philosophes* et les *romantiques* du cercle.

« De sorte qu'un infortuné, quel-
» qu'honnête ou bon qu'il soit, et
» qui a eu l'honneur d'être préféré en
» sa vie par une douzaine de beautés
» ou de laideurs à la mode, ce qui
» n'est pas trop en ce siècle d'incons-
» tance, peut compter sur 9 ou 10,000
» ennemis, gens d'autant plus à
» craindre, qu'ils cachent tous la
» cause de leur inimitié.

Quant à moi, mes réflexions étaient plus morales.

Qu'on oppose à ce tableau de Sé-ricour, qui peut faire sourire les étourdis amoureux, sans les corriger assez, celui de l'amitié, de l'estime et de la douce confiance qu'inspire une conduite loyale envers les époux et les pères ; le bon accueil au lieu de l'aversion, la cordialité au lieu de la haine, la bonne réputation enfin, qui porte au devant de nous les familles, au lieu de la peste morale qui les éloigne à notre aspect. Ah ! combien alors on préférera l'amour paisible, innocent et ignoré, à la vie galante et licentieuse.

Mais, au milieu de ces réflexions générales, un sentiment profond me dominait toujours, c'était le souvenir de l'adorable miss K** ; cette divine Écossaise, par sa tendresse, ses malheurs et son noble abandon de tout espoir, par suite de ses principes sévères, ne m'en devenait que plus chère. Chaque jour, je donnais quelques momens à cette pensée favorite, et elle adoucissait ma captivité.

Le 2 octobre 1800, je sommeillais dans mon cachot ; il n'était pas encore jour. J'entendis frapper sourdement contre les murs de la tour, espèce de bastion où était située ma cazemate. Je m'aperçus bientôt qu'on travaillait à un vieil aqueduc de la place, attenant à cette tour; car il se fit un petit éboulement dans les pavés de ma chambre, du côté de cet aqueduc. J'essayai de me rendormir, et j'eus à peine fermé l'œil, dans mon lit, que je sentis tout-à-coup mon pied gauche mordu horriblement. Je me lève en sursaut en chemise et sens ma jambe droite mordue également. Je me jette à terre et me vois à l'instant poursuivi par une légion d'animaux immondes sortis de l'aqueduc, et qui m'assiégeaient avec une fureur dont on ne peut se faire une idée. Ils s'élançaient contre moi, par douzaines, et montaient jusqu'à mes épaules, en s'efforçant de remporter un lambeau de chair. Le jour qui vint à poindre, me montra toute l'horreur de ma situation, et une des sept plaies de l'Egypte.

Des rats énormes, chassés de l'aqueduc
par les travailleurs , se réfugiaient,
affamés, dans ma cazemate par l'éboulement survenu : et , trouvant dans
leur rage un corps vivant et presque
nu , ils s'élançaient pour le dévorer. J'aurais succombé inévitablement
dans cette lutte épouvantable, où j'a-
vais déjà reçu d'horribles morsures, en
poussant des hurlemens affreux , sans
être entendu ; lorsqu'un événement
inattendu me sauva de ce péril pour
me jeter dans un autre.

Le canon se faisait entendre dans
les gorges de l'Apennin. On avait décidé d'étendre la grande inondation
de la place , et toute la nuit avait été
employée à ce travail. Les eaux avaient
monté de six pieds dans cette nuit.
Elles montaient encore à vue d'œil,
et bientôt elles arrivèrent justement
par l'ouverture de l'éboulement du
pavé. Elles s'y élevèrent assez rapide-

ment pour empêcher l'entrée ulté-
rieure des funestes animaux qui me
dévoraient, mais pas assez pour que
bon nombre d'entr'eux ne s'achar-
nassent encore après moi, tant ils
étaient affamés. Qu'on juge de mon
affreuse position : presque nu, ayant
déjà de l'eau jusqu'à la ceinture, de
me voir toujours poursuivi par ces
hideux animaux qui nageaient, et
dont je ne pourrais être délivré que
lorsque les eaux, en les noyant tous,
m'auraient enfin noyé moi-même.

Je poussais des cris lamentables ;
ma porte ne s'ouvrait point. Le canon
des Autrichiens et le travail des ouvriers empêchaient encore de m'entendre, cependant je distinguais un
bruit sourd au-dessus de moi dans la
cazemate supérieure, mais qui aug-
mentait encore mon effroi et me faisait craindre quelqu'éboulement de
ces vieilles murailles. Les eaux de la

grande inondation croissaient avec rapidité. J'avais déjà perdu la terre , et sans le bonheur que j'avais de savoir nager, et le secours de ma table, qui, en flottant , me permettait de m'en appuyer, j'aurais déjà péri. Mais comment supporter l'effort de nager une journée entière , élevé insensiblement jusqu'à la voûte, par les eaux toujours croissantes, après avoir, à la vérité, vu disparaître les animaux vivans qui m'avaient poursuivi ; et cependant forcé de nager au milieu de leurs cadavres épars, sans nourriture, qu'on ne m'apportait que tous les deux jours. Resté ainsi sans espoir et dans l'obscurité, les forces me manquèrent enfin malgré l'appui de ma table flottante, d'ailleurs ma tête venait de heurter assez violemment la voûte. Ce choc étourdissant me fit chavirer, et je tombais pour jamais au fond de ces eaux infectes , lorsqu'un éboulement

qui se fit à la voûte supérieure , tout-
à-coup , me laissa entrevoir du jour ,
un balai qu'on me tendait, et un prisonnier en robe de chambre qui me
criait : «—*Goddem*, c'est lui ! c'est le
» camarade *French-dogg ! hodidou!*
» Moi sauver encor , le tout pour un
» œil ! Quelle fut ma surprise ! c'était
le capitaine Barmer.

Il me hissa de son mieux jusque
dans sa prison , car mes efforts étaient
bien nuls , après tant de fatigues. Il
me soigna , me pansa avec son origi-
nalité ordinaire.— « *Goddem !* disait-
» il, moi croire que les rats ils ne
» manger que les vieux livres, et que
» le officier du continent ne boire que
» du bon vin. *Goddem !* ici le con-
» traire» ! Il ajouta qu'ayant appris qui
j'étais , et ayant entendu mes cris la
nuit , il avait percé la voûte par un
ancien soupirail peu épais.

Puis , tout en continuant avec son

air goguenard , il m'exposa rapidement qu'il était détenu comme agent
de l'Angleterre en Italie , qu'il avait
été arrêté à Bologne ; et que d'après
les pièces et les contrôles de ses paie-
mens qu'on avait trouvés , nul doute
qu'il ne fût condamné à la peine capitale ; qu'enfin notre péril étant
commun , et le moment favorable , il
fallait en profiter pour nous évader.
Il me fit remarquer que les attaques
des Autrichiens par l'Appenin, faisaient une grande diversion à l'attention des officiers de la place ; que
l'aqueduc eutr'ouvert, la brèche exis-
tante , la nuit enfin étaient propices ;
que le travail de la brèche de communication de son étage avec ma cazemate, pouvait être découvert; qu'ainsi
il fallait partir à l'instant même. J'é-
tais exténué de fatigue : il me fit prendre quelques cordiaux , surtout du
rhum qui ne le quittait jamais , et

qu'il avait caché sous un pavé. Puis nous délibérâmes sur les moyens de réaliser notre projet.

—«Laissez faire à moi, en qualité de » marin , dit-il, je sais le manière de » faire les radeaux , les abordages , » les embarquemens. A l'ouvrage ! le » temps presse , on peut venir ».

Heureusement que le geolier qui ne nous apportait nos vivres que tous les deux jours , était venu la veille, une heure avant mon accident. Nous ne redoutions donc pas encore sa visite, mais la crainte du bruit, d'une ronde, d'un caprice du commandant nous plongeait dans l'anxiété. Bientôt à l'aide du génie inventif du capitaine , nous commençâmes à travailler.

Nous parcourûmes avec soin sa chambre où nous étions alors. Nous remarquâmes d'abord que la crue de l'inondation avait porté la nuit un des échafauds en planches des ouvriers, contre le mur de la tour. A travers les lueurs vacillantes d'un clair de lune incertain, nous entrevîmes par l'embrâsure quelques outils épars sur cet échafaud flottant. Le capitaine s'élança aussitôt au fond de l'embrâsure, et tâcha, à travers les barreaux de fer qui en fermaient l'issue, de saisir quelqu'outil ; mais sa petite stature ne le lui permit pas. Plus grand que lui, je me traînai au fond de l'embrasure, et fus assez heureux, en allongeant le bras avec effort, pour saisir une pince de fer qui était restée sur l'échafaud. Notre premier soin fut de retenir cet échafaud par une amarre, faite d'un mouchoir que nous liâmes fortement à un barreau et nous nous mîmes de suite à l'œuvre pour écarter, au moyen de la pince, deux barreaux, assez pour laisser passer notre corps, et pouvoir parvenir à notre pont flottant.

A l'aide de notre pince, et appuyant fortement et par secousses nos deux corps , nous écartâmes sensiblement les obstacles de fer, nous redoublâmes d'efforts, et nous étions prêts à les séparer suffisamment pour passer, lorsque le levier cassa , et nous fit , par le contre-coup, tomber rudement contre la muraille : nous en fûmes quittes pour quelques bosses , et reprîmes l'ouvrage avec plus de fureur. Enfin, l'ouverture entre les barreaux fut suffisante pour nous livrer passage jusqu'à l'échafaud. Nous nous munîmes promptement de quelques hardes , des draps du capitaine, dont il prétendait bien faire une voile pour nous diriger sur la grande inondation , au milieu de la nuit, et avant qu'on eût pu nous apercevoir de la place.

Nous nous glissâmes donc d'abord

à plat-ventre, par l'embrâsure, fran-
chîmes le détroit entre les deux barreaux, et arrivâmes enfin sur l'é-
chafaud ; mais notre précipitation
faillit le faire chavirer. Ayant repris
notre équilibre, et saisi une longue
double toise restée sur l'atelier flottant, nous en fîmes un aviron pour
nous éloigner de la tour funeste, et gagner le large. Mais à combien de peines ne fûmes nous pas exposés jusques-
là ! la double-toise avait peine à pi-
quer le fond du lac, et chaque fois que
le capitaine, notre pilote, se penchait
pour avoir prise, il était prêt à chavirer ou faire la culbute. Il préféra
enfin risquer une voile, voyant que
nous ne pouvions plus toucher le sable;
il attacha la double toise entre deux
planches, y roula l'extrémité d'un des
draps de lit; et tenant l'autre extrémité pour nous en faire une voile la-
tine, il profita habilement d'une petite

brise fraîche qui s'éleva , pour nous faire gagner le milieu de l'inondation. Quant à moi, je servais d'appui à notre mât fragile , et j'avais à lutter à-la-fois contre le vent et contre mon inex- périence qui faisait jurer le capitaine comme à un abordage.

Bientôt le péril devint encore plus grand. Le jour commença à poindre. Notre drap fut aperçu de la place. Cette voile blanche , sur le lac, fixa l'attention , et quoique nous fussions à plus d'un bon mille des remparts , on nous lâcha quelques coups de ca- non qui faillirent maintes fois nous faire sombrer. Ce pendant le capitaine tenait bon. Je redoublais d'efforts , bien resolu de périr au pied de no- tre grand mât. Le vent soufflait grand frais et nous allions toucher le sol de l'autre côté pour gagner Laibach, lorsqu'un dernier coup de canon , tiré du fort St.-Georges , brisa une de nos planches, emporta la mâture et nous plongea au fond du lac. Heureusement nous touchions presque au rivage ! nous pûmes, quoiqu'embourbés dans des joncs, parvenir enfin au terme de nos maux , et nous nous jetâmes à genoux, pour remercier le ciel d'être échappés doublement à la mort.

Mais ne doutant point qu'on ne fît sortir quelque cavalerie de la place , pour courir sur nos traces; et, quoique le détour qu'elle avait à faire , autour de l'inondation, nous donnât au moins trois lieues d'avance , nous jugeâmes à propos de hâter notre fuite. Nous avions encore assez d'argent pour nous faire aider dans ce projet. Nous marchâmes rapidement jusqu'à San-Benedetto , où nous prîmes la poste à franc-étrier, et gagnâmes Laibach le jour même.

Une fois sur le terrain de la Carniole , où les troupes françaises n'avaient pas encore pénétré ,nous fûmes tranquilles, et nous déterminâmes à nous rendre à Vienne, où le capitaine devait s'adresser à l'ambassadeur d'Angleterre, pour recevoir de nouvelles instructions. Je l'accompagnai donc dans la capitale de l'Autriche.

Les premiers jours se passèrent à des visites et à renouer l'effet de quelques anciennes recommandations près du comte Zichi et des personnages les plus influens de la cour, où mes aventures du Tyrol et ma détention avaient fait un certain éclat. L'impératrice Marie-Béatrix desira me voir et me donner quelques marques d'intérêt. Cette princesse, du plus rare mérite, avait une grande influence dans les affaires de l'empire. On lui avait parlé de mes notes militaires et politiques remises à M. de Chateler. Elle m'engagea à prendre du service dans l'armée autrichienne. — « Vous

» êtes sujet allemand, me dit-elle,
» quoiqu'ayant servi en France. En-
» fant du pays de Nassau, vous de-
» vez suivre ses bannières. Vos ta-
» lens, vos services vous assurent un
» prompt avancement, et je m'en
» charge. »

En effet, je fus présenté au conseil
aulique de guerre, et j'eus le jour
même la promesse de l'emploi de
lieutenant-colonel d'un corps franc.

Quant au capitaine Barmer, il
alla rejoindre les commissaires anglais
chargés d'organiser et de surveiller les
levées allemandes. Au reste, nous ne
nous quittâmes point, le capitaine et
moi, sans quelques témoignages d'a-
mitié, suites de notre communauté
d'infortune ; et nous promîmes de
nous donner mutuellement de nos
nouvelles.

Je rejoignis l'armée autrichienne
sur le Rhin, et je sollicitai la faveur

d'être employé de préférence dans les divisions opposées au territoire du Palatinat. Il me répugnait au fond du cœur d'entrer sur le sol de la France où j'avais servi, et que je regardais comme mon ancienne patrie adoptive; mais je n'eus pas long-temps ce scrupule; car nous fûmes repoussés à la première bataille jusqu'au fond de la forêt noire; et, dans une affaire d'arrière-garde, près du Kniébis, je fus assez grièvement blessé pour qu'on fût forcé de me porter jusqu'au premier charriot. Il se trouva surchargé; il ne s'en présentait point d'autres : la route était encombrée de blessés et de fuyards. Plusieurs voitures vinrent à passer; l'une d'elles s'arrêta, à la vue d'un officier supérieur noyé dans son sang. Je sus bientôt que c'était une des voitures des commissaires anglais. Et quelle fut mon émotion de me voir soutenu par les gens, et porté dans la berline de lord K...! car c'était le père d'Emma en personne.

Cette vue me causa d'abord une violente commotion. Peu à peu je me calmai, et je pus remarquer l'impression que cette rencontre inattendue faisait sur lord K... La satisfaction, l'humanité d'une part; de l'autre l'embarras, le souvenir de mon aventure avec sa fille, et l'état douloureux où elle était encore sans doute; tout paraissait l'agiter vivement.

Je sus bientôt que lord K..., par suite de son animosité nationale, et sans mission spéciale, s'était constitué adjoint et surveillant bénévole de lord C..., l'un des commissaires anglais, et qu'il employait son temps et une partie de sa fortune à parcourir l'Europe et à susciter des ennemis à la France.

Hors d'état de m'occuper de politique, et revenu à moi après un pansement préliminaire, je n'osai interroger milord sur les personnes de sa famille, et cependant combien ses réponses m'auraient été précieuses! mon silence, ainsi que l'effort que je faisais pour le garder, ne lui échappèrent point, et dans ses réflexions diverses, il tournait nonchalament sa tabatière entre ses doigts. Grand dieu! j'y aperçus le portrait d'Emma. Je fus prêt à m'élancer pour contempler ces traits adorés, à jamais perdus pour moi. Mes yeux avides ne cessaient d'errer sur cette image charmante que j'entrevoyais à peine à travers les doigts cruels et indifférens de milord. Il s'aperçut enfin de mon attention et de mes transports : il remit froidement sa boîte dans sa poche, où mes regards supplians la cherchaient encore.

Voulant me distraire de ces idées, lord K... me demanda si je souffrais, — Pas assez, lui répondis-je en sou-

pirant profondément. — Comment?
— Ah! la mort est préférable à ma cruelle situation. — Craignant quelque explication, lord K... appela le capitaine Barmer, qui le suivait dans une calèche, et, sous prétexte de lui recommander quelques notes, il l'établit en tiers avec nous; mais lord K... avait une singulière manie. Plus il était agité, plus il prenait de tabac, et, grâce au ciel, il revenait sans cesse au portrait de sa fille, par la pensée même de me le cacher. Je pus donc, malgré lui, contempler encore les traits que j'adorais, et me repaître d'une chimère qui ne me quittait pas, même au milieu de mes erreurs.

Quant au capitaine Barmer, si, dans mon état, il eût été possible de sourire, je l'eusse fait en voyant sa figure étrange pendant qu'il étanchait mon sang. — » Ce cher ami, ce cher ami,

» non *il n'en reviendra pas*, » criait-il du même ton qu'en m'embarquant à Déal, il y criait : *il ne reviendra pas.*

Ainsi cet original me faisait toujours tendrement, sans s'en douter, les souhaits les plus funestes; tant une rivalité secrète surmonte involontairement les sentimens les plus généreux !

Nous arrivâmes à Augsbourg, où les commissaires anglais s'établirent quelque tems, et où lord qui les quittait peu, surtout lord C...., son ami, me fit ses adieux avec une froide politesse : Hélas, sans avoir prononcé le nom de sa fille. Quant à Barmer, il me répéta tendrement son adieu favori : *Cher ami, il n'en reviendra pas,* et s'éloigna.

Cependant, à force de prières et d'instances secrètes, j'obtins quelques renseignemens du secrétaire de lord K... Je sus que miss Emma avait refusé mon rival Barmer, et les partis les plus brillans de l'Angleterre; que, vouée à la solitude, aux regrets et aux larmes, elle avait fait construire à Monclare un jardin planté entièrement d'arbres de la Louisiane, qu'elle appelait *le champ de l'épreuve*; que c'était là sa promenade favorite.

Je reconnus ainsi que l'épreuve projettée occupait encore son souvenir; et que, peut-être cette épreuve pourrait avoir lieu en Europe, si les événemens ne s'y opposaient point; mais hélas! avec une imagination ardente, et des passions vives, peut-on répondre de ses actions? hélas! tout au plus de ses intentions.

En effet, à peine rétabli de mes blessures, je me fis transporter à Vienne, J'y fus nommé colonel, puis général-major, et, après ma guérison je servis plusieurs années, avec quelque dis-

tinction , dans les armées autrichien-
nes, uniquement occupé d'Emma et
de la gloire ; gloire qu'au fond de
mon cœur je déplorais souvent,
ayant à combattre contre la France
que je regardais toujours comme ma
patrie adoptive. Je supprime donc
ces souvenirs militaires, autant par
ce motif, que pour occuper le lecteur principalement du but moral
de ces mémoires : *les Dangers de la
galanterie*, et nous voici arrivés à
l'époque où cette leçon fut la plus terrible, parce qu'elle fut la moins mé-
ritée et la plus mal interprétée dans
toute l'Allemagne.

Remontons à la source de ces nouveaux malheurs. Mon ancienne blessure avait affecté assez vivement ma
santé, pour que le prince Charles dai-
gnât m'ordonner du repos, et me
permît tout au plus de lui adresser
quelques notes et des renseignemens

sur les affaires du Tyrol et de la Souabe,
contrées dont j'avais une connaissance
locale assez précise. J'eus, par ce motif, occasion de converser quelquefois à Vienne, avec le prince de.....
souverain en Allemagne, ainsi qu'en
Volinhie; prince dont l'âme généreuse
et la bienfaisance, étaient générale-
ment connues et chéries. Il parut
me distinguer assez particulièrement,
pour me proposer de m'attacher à lui
d'une manière spéciale. — « Votre
» santé est chancelante, me dit-il un
» jour; votre blessure vous permettra
» difficilement de reprendre un ser-
» vice actif. Venez à H**... ma rési-
» dence. Je vous nommerai inspec-
» teur de mes troupes, avec le grade
» de général-major, l'année prochaine.
» Mes troupes ne consistent, il est
» vrai, qu'en trois mille hommes, y
» compris mon régiment des gardes;
» mais je désire que vous les formiez

» aux nouvelles manœuvres, et les
» mettiez en état d'entrer en cam-
» pagne, si malgré tous mes soins,
» je ne puis parvenir à conserver
» ma petite neutralité dans la guerre
» actuelle.

Cette proposition qui m'éloignait
du champ des armes, ne me sourit
point d'abord ; mais une crise violente et l'abondance du sang que je
perdis par ma blessure, cette nuit même, me faisant sentir la nécessité de
prendre quelque repos, je répondis
au prince, le lendemain, jour fixé
pour ma solution définitive. — « Que
» j'acceptais sa proposition ; que je
» m'estimerais heureux de justifier
» son choix, par mon attachement
» à sa personne, et par tout le travail
» militaire dont je serais susceptible.

— « D'abord, me dit-il, je vous
» recommande fortement l'organisa-
» tion de mon régiment de cavalerie ;

» je veux qu'il soit nombreux , très-
» nombreux , et au moins de 200
» hommes. Occupez-vous surtout de
» mon artillerie; j'entends qu'elle soit
» formidable. J'ai acheté une batterie
» de quatre pièces au prince-évêque
» de Francfort , et j'espère qu'elle
» fera du bruit dans la confédération.
» Ne négligez pas même mon corps
» du génie ».

Surpris de cette organisation pom-
peuse , je lui demandai en quoi con-
sistait son corps du génie? il m'apprit
alors quil avait donné des épaulettes
à deux de ses inspecteurs terriers, et
qu'il prétendait en faire bientôt des
Coëhorn et des *Bousmard.*

Je ne pus m'empêcher de sourire
de cette petite enflure germanique.
Je vis que toute cette armée se rédui-
sait à deux mille hommes d'infanterie
à exercer, y compris un régiment des
gardes assez bien tenu. Je n'étais pas

fâché, d'ailleurs, d'essayer quelques-
unes de mes théories , et je promis
de me vouer au service de ce bon
prince.

— « Ce n'est pas tout, ajouta-t-il, Je
» vais vous donner des lettres pour H**
« résidence de la duchesse Alexiéna ,
» ma fille , veuve du duc de... Je l'ai
» déjà prévenue de mon choix et de
» mes intentions. Je ne doute point
» qu'elle ne vous accueille avec em-
» pressement et ne vous rende le sé-
» jour de ma résidence agréable. Reve-
» nez me voir demain matin , et nous
» causerons plus amplement de tout
» ceci ».

Le lendemain, ce prince m'ayant
témoigné une confiance très-grande
dans ses affaires politiques , je lui
donnai un plan et d'adroits projets
pour conserver plus sûrement sa neutralité dans la guerre qui embrâsait
l'Allemagne. Ces divers motifs de re-

connaissance et de rapports accélérè-
rent la liaison plus intime qui se forma
entre nous dans le peu de jours que
je restai encore à Ausbourg, avant
mon départ pour H**... états de mon
nouveau protecteur.

Un matin, après un déjeûner où
ce bon souverain, suivant son usage,
avait vidé deux énormes flacons de
Joanisberg, et où il se trouvait plus
en train de confiance et de gaîté ba-
chique. — « Or çà ! s'écria-t-il, vous
» êtes galant, dit - on. N'allez pas
» chercher à séduire quelques dames
» de ma Cour. Je ne suis point un
» Caton, tant s'en faut ; mais je tiens
» fortement aux apparences ; d'ail-
» leurs un blessé, un malade n'est pas
» très-dangereux, et au surplus, ce
» sont les affaires de ma fille ».

J'objectai au prince qu'il suffisait
de sa confiance et de mon respect

profond pour régler la mesure de ma conduite. — « Nous verrons, nous » verrons, reprit-il, avec sa brus- » querie ordinaire. Au reste, la » duchesse, ma fille, est veuve, » libre, sage; elle a des principes » sévères et l'œil sur tout ce qui » se passe ».

Sur ce, il me quitta, et je cher- chai à éclaircir cette énigme. J'étais très-lié depuis quelque tems avec le conseiller de P...., secrétaire intime du prince. Je lui confiai, mot à mot, notre conversation et la proposition qu'il venait de me faire. — « Que ceci » ne vous étonne point, me dit-il tout » bas, je soupçonne que votre nomi- » nation cache un plan secret.

» L'armée du prince l'occupe beau- » coup moins que le soin de garder » un juste milieu dans la crise actuelle. » Sa politique est tout. Connaissez

» le fond du mystère. La duchesse
» Alexiéna a été très-malheureuse
» dans ses premiers liens. Son époux vi-
» vait publiquement avec la comtesse
» de Hornberg, et avait délaissé en-
» tièrement sa femme, quoiqu'elle
» eût un fils qui faisait toute son es-
» pérance. Aujourd'hui la duchesse
» Alexiéna, dont la beauté et l'es-
» prit original sont célèbres en Alle-
» magne, est recherchée pour un
» second hymen, par le prince sou-
» verain de M....; mais S. A. le père
» d'Alexiéna, qui a su garder la neu-
» tralité, craindrait de compromettre
» son crédit et sa politique, en accé-
» dant à ce mariage. Il fera tout pour
» en éloigner sa fille, et (entre nous) je
» crois qu'il ne serait pas fâché qu'elle
» fût portée plus fortement à cette ré-
» sistance par quelque inclination se-
» crète, mais ignorée. — Quoi ! vous
» pensez?...—Eh! mon ami, la politi-

» que passe avant tout chez les prin-
» ces ; d'ailleurs, que d'exemples
» n'avons-nous pas de pareils arrange-
» mens dans nos petites Cours d'Alle-
» magne ! — J'ai peine à croire à de
» tels projets de la part de Monsei-
» gneur, et j'avoue que mon peu de
» mérite, et la situation de mon âme,
» éprise ailleurs, m'y rendent abso-
» lument impropre. — Bah ! cela sera
» de l'amitié, de l'estime si l'on veut ;
» car la duchesse est sage : mais si
» un intérêt plus vif, un amour plato-
» nique viennent terminer le roman,
» alors ce ne sera pas votre faute.
— » Jamais ! jamais ! m'écriai-je. Le
» respect, et une autre inclination,
» sauront bien m'en garantir. — Au
» surplus, nous verrons, me dit en
» riant le conseiller de P.... La du-
» chesse est dangereuse, charmante,
» et vous êtes presque absous d'a-
» vance ».

Nous nous quittâmes. Je regardai tous ces projets comme une plaisanterie du conseiller de P.., . et bientôt me trouvant assez bien remis , le vieux prince m'engagea le premier, à partir pour H** et me remit des lettres pour son Maréchal de Cour , le comte Gormann, qui jusques-là , avait été chargé de l'inspection de sa petite armée. Ces lettres en renfermaient d'autres pour la Duchesse. Il me recommanda de lui écrire souvent, quand je serais pleinement rétabli , de lui adresser mes observations sur les affaires de l'Etat et sur les personnages qui m'étaient connus dans les principales Cours de l'Europe.

Je promis de satisfaire exactement à tous ses ordres. Le souvenir de miss K** me rendait d'ailleurs parfaitement indifférent à tous les projets supposés du prince pour sa fille, et je n'imaginais pas qu'un nouvel amour pût encore entrer dans mon âme, ou du moins qu'une liaison de ce genre dût me causer les plus grands chagrins de ma vie.

Je quittai donc ce bon prince, qui, à sa petite manie près, de vouloir faire parler de son armée, était bien le meilleur des hommes.

J'arrivai à H**, je trouvai la Duchesse à la promenade. Elle était à cheval, elle s'y tenait avec une grâce parfaite ; et quand je fus annoncé comme lui apportant des lettres de son père, elle s'élança à terre avec agilité ; puis sans me regarder, et se bornant à une révérence d'étiquette, elle se hâta d'ouvrir ses lettres. A mesure qu'elle les lisait, son œil quittait insensiblement le papier pour m'observer. Elle plia le paquet avec vivacité, le mit dans son sein, et dit qu'elle acheverait sa promenade à pied.

Le comte Gormann, son Maréchal,
vieux boiteux hanovrien, me regardait de travers, et se pinçait les lèvres
à chaque politesse que me faisait la
duchesse Alexiéna ; mais satisfait de
lui donner le bras, il se boursoufflait
plaisamment et ne s'apercevait pas
qu'il faisait marcher Son Altesse dans
les cailloux. Elle fit un faux pas et un
cri ; elle parut s'être blessée au pied;
et, pour achever sa course, elle fut
obligée de réclamer le secours de deux
bras. Le mien se trouvait à portée ;
elle le prit poliment et continua sa
marche avec une gaîté charmante
que paraissait augmenter l'humeur du
vieil hanovrien.

Nous arrivâmes au château de la
résidence, et la duchesse me fit entrer
dans son salon. Elle me fit part, là,
des intentions de son père, me dit :
« Qu'elle me voyait avec plaisir chargé
» de l'inspection de ses troupes, qu'elle

» ne doutait point que je ne méri-
» tasse la confiance de S. A. soûs tous
» les rapports ». Et enfin elle me té-
moigna de vifs regrets sur sa longue
absence , car elle paraissait lui être
tendrement attachée.

Le lendemain , au déjeûner , je
fus accueillis plus froidement. La duchesse Alexiéna semblait éviter de
s'adresser à moi. Elle était gênée, par-
tagée entre sa politesse ordinaire et des
impressions fâcheuses. Je ne doutai
point de quelques suggestions perfides
du vieux Maréchal , et je ne me trompai pas.

On se promena après le déjeûner ,
et l'on alla pêcher à la ligne sur les
bords de l'Elbe. M'approchant , par
hazard, d'une touffe de noisetiers qui
cachaient la Duchesse et le vieux
Maréchal qui lui apprêtait sa ligne,
j'entendis mon gros Allemand jaser
ainsi sur mon compte. — « Quelle idée

» à Monseigneur, Madame; de nous
» envoyer pour inspecteur, un officier
» qui a servi en France, et y a puisé
» toute la fatuité de cette nation. C'est
» une inadvertance inconcevable de
» son Altesse. Il faut qu'elle ait eu de
» faux renseignemens sur son compte.
» — Mais êtes-vous bien sûr de ce
» que vous dites là ? le Comte est Alle-
» mand, à ce que m'écrit mon père ;
» il est du pays de Nassau : d'ailleurs
» il paraît honnête, doux, prévenant
» et d'un ton franc et naturel. — Oh !
» oui ! il prend tous les tons, c'est un
» comédien parfait. — Allons, allons,
» convenez qu'il vous offusque un peu,
» voilà tout. Amorcez-donc ma ligne ?
— La voilà ! l'appât y est. — Croyez-
» vous ? — J'en suis sûr. Il est fat ; il
» se croit bel homme, mais... — Je
» ne regarde pas à cela : le cœur ! le
» cœur ! — Il est pris ! il est pris !
» — êtes vous fou ? — Eh oui ! tirez-

» donc, madame, le voilà sur
» l'herbe. »

Aussitôt prêt à être surpris, je m'a-
vançai naturellement sur le gazon,
ramassai le poisson captif et le portai
aux pieds de la belle *Annette*, comme
si jarrivais à l'instant même pour être
témoin de son adresse.

Le vieux comte Gormann rougit un
peu, quoiqu'il fût difficile de distinguer si c'était embarras de me voir,
ou l'effet ordinaire du jus de la treille
dont il s'abreuvait largement. Je dis-
simulai ce que j'avais entendu ; mais
je m'aperçus, dès ce jour, que ces
rapports refroidissaient la Duchesse,
au moins dans ses manières.

Du reste, bien décidé à rester avec
elle sur le pied d'une prévenance respectueuse, et de me livrer uniquc-
ment au souvenir de miss K**, peu
m'importait alors qu'on m'envisageât
sous des rapports plus favorables.

Fin du premier volume.